Hanneke van Veen
Rob van Eeden

Knausern Sie sich
RE¡CH!

W0045954

Hanneke van Veen
Rob van Eeden

Knausern Sie sich
REiCH!

Geizhälse
haben mehr
vom Leben

Die Deutsche Bibliothek – CIP-Einheitsaufnahme

Veen, Hanneke van:
Knausern Sie sich reich! : Geizhälse haben mehr vom Leben/
Hanneke van Veen/Rob van Eeden. [Aus dem Holländ. übertr.
von Gabriele de Koning). – 3. Aufl. – Landsberg am Lech :
mvg-verl., 1998
    (mvg-Paperbacks ; 531)
    Einheitssacht.: Meer doen met minder <dt.>
    ISBN 3-478-08531-4
NE: Eeden, Rob van; GT

3. Auflage 1998

Das Papier dieses Taschenbuchs wird möglichst umweltschonend hergestellt und enthält keine optischen Aufheller.

Titel der Originalausgabe: „Meer doen met minder"

© 1994 Aramith Publishers, a division of Uitgeverij J.H. Gottmer/
H.J.W. Becht bv. Bloemendaal, The Netherlands
Aus dem Holländischen übertragen von Gabriele de Koning.

© 1996 mvg-verlag im verlag moderne industrie AG, Landsberg am Lech

Umschlaggestaltung: Vierthaler & Braun, München
Umschlagbild: Jos van Leeuwen, Den Haag, Niederlande
Illustration: Sabrina Robles de Medina, Niederlande
Satz: Fotosatz Buck, Kumhausen
Druck- und Bindearbeiten: Presse-Druck, Augsburg
Printed in Germany 080 531/10984502
ISBN 3-478-08531-4

Inhaltsverzeichnis

Mit dem Einkommen auskommen

Kurz nach dem Erscheinen der *Vrekkenkrant* („Geizhalszeitung", die von den Autoren dieses Buches in den Niederlanden publiziert wird), Anfang 1992, wurden meine Frau und ich zum „Geizhalsehepaar" ernannt. Ein Ehepaar ist beliebt bei den Zeitungen und kommt im Fernsehen gut an. Wir wurden die Missionare der neuen Sparsamkeit.

Was ebenfalls gut ankommt, sind Tips und Tricks, um sparsam zu leben – je verrückter, desto besser: Suchen Sie sich einen kleinen Partner! Essen Sie Kakerlaken! Stricken Sie ihre Slipeinlagen selbst, statt sie zu kaufen, etc.

Aber es geht um mehr. Viele Leute leben sparsam, obwohl sie sich nicht alle freiwillig dafür entschieden haben. Daß man sparsam lebt, gibt man nicht gerne zu, man behält es lieber für sich, oft aus Scham. Langsam, aber sicher zeigt sich jedoch, daß man es auch zugeben und sogar stolz darauf sein kann. Aus allen möglichen Bereichen, auch aus solchen, von denen man dies nicht erwartet, mehren sich die Signale – oft vollkommen unerwartet – daß Sparsamkeit ein Trend der neunziger Jahre werden könnte. Mit unseren Gütern und unserem Geld zu „knausern" könnte durchaus eine große Herausforderung für uns werden. Eine Herausforderung, der wir uns schnellstens stellen sollten, bevor wir dazu gezwungen werden.

Aus dieser Motivation heraus haben wir dieses Buch geschrieben, das übrigens keine fix und fertigen Rezepte präsentiert.

„Knausern Sie sich reich" geht über das Niveau von Tips und Tricks hinaus, aber diese werden durchaus genutzt. Das Buch spiegelt unsere Einstellung zum Thema „Sparen" in mehreren kurzen und eigenständigen Kapiteln, die aber miteinander verbunden sind. Daher müssen Sie die Kapitel, mit Ausnahme der beiden folgenden, die zusammengehören, und des letzten auch nicht hintereinander lesen.

Dieses Buch basiert zu einem großen Teil auf Hunderten von Briefen, Karten, Büchern, Zeitungsausschnitten und Beispielen, die die Leser der *Vrekkenkrant* uns zusandten, und auf den vielen darauf folgenden Gesprächen.

Unsere eigenen Erfahrungen als Geizhalsanfänger sind nichts im Vergleich zu dem, was Tausende von Menschen überall in unserem Land seit Jahr und Tag schlichtweg tun. Ohne ihre begeisterte Mitwirkung hätten wir dieses Buch nicht schreiben können.

Und genau so wie in unserem ersten Buch möchten wir unsere Leser warnen: Lassen Sie sich nicht zu sparsamem Verhalten verführen, wenn Sie nicht wirklich hinter der Idee stehen. Lachen Sie statt dessen lieber von Herzen.

! *Telefonieren Sie zum ermäßigten Tarif:*
Täglich von 21.00 Uhr bis 5.00 des nächsten Tages,
während des Wochenendes und an Feiertagen!

Mit weniger Aufwand mehr erreichen

Wir haben alles, wir können alles, und trotzdem sind wir nicht glücklich. Solche und ähnliche Feststellungen kann man täglich bei allen möglichen Gelegenheiten hören. Begleitet von Fragen wie: Wofür das alles? Was ist der Sinn des Ganzen?

Bei Reisen in ferne Länder wundern wir uns darüber, daß die Menschen dort, die so wenig besitzen, so vergnügt sind, daß sie zusammenhalten und vieles gemeinsam tun.

Es scheint, als ob wir keine Zeile, keine Ideale mehr haben. Früher, kurz nach dem Krieg oder in den sechziger Jahren zum Beispiel, war das anders. Damals wußten die Menschen, wofür sie lebten und sich anstrengten: um das Land wieder aufzubauen, oder – genau umgekehrt – die etablierte Ordnung durch neue Alternativen zu ersetzen. Man wußte, wofür man arbeitete, auch wenn die Ziele nicht immer realistisch waren. Aber noch immer gibt es Länder, in denen nur wenig Menschen sich die Frage nach dem Sinn ihres Lebens stellen. In Entwicklungsländern weiß jeder, was er zu tun hat: Geld zu verdienen, um es einmal besser zu haben – für ein Haus, Kleidung, sauberes Wasser, Schulbildung für die Kinder, ein Fahrrad, einen Kühlschrank zu sparen.

In den vergangenen Jahren haben wir im „reichen Westen" den Faden verloren. Die Ideale der sechziger Jahre erwiesen sich als naiv und unerreichbar. In den darauffolgenden Jahren gingen andere Illusionen verloren, vieles wurde zerstört und wenig neu aufgebaut. Wir sind uns der Grenzen des Wachstums, der Grenzen unseres Wohlstands bewußt geworden. Ist es vielleicht sogar so, daß wir nun „mit mehr Aufwand weniger tun"? Wir sitzen mehr, haben ein höheres Einkommen als vor 20 Jahren, aber erreichen wir damit auch mehr, sind wir glücklicher geworden? Es sieht sogar so aus, als ob der „echte" Wohlstand, wobei – abgesehen vom Einkommen – auch Umstände wie Unsicherheit, Einsamkeit und der Zustand der Umwelt berücksichtigt werden, in den letzten 20 Jahren zurückgegangen ist. Wouter van Dieren hat dafür während der Erasmus-Lesung 1993 in Den Haag den Ausdruck „Seifenblasen-Wirtschaft" geprägt. Die Seifenblase wird größer und größer und glänzt wunderbar, aber sie kann jeden Moment platzen. Wir produzieren schneller, besser und bei niedrigeren Kosten, aber ist das eigentlich so gut für unser eigenes Wohlbefinden, für das anderer Menschen und die Welt um uns herum? Eigentlich kennen wir die Antwort auf diese Fragen, aber wir denken lieber nicht zuviel darüber nach, denn was bleibt uns dann?

Auch, wenn wir genau wissen, daß es uns nichts nützt, ist die Reaktion doch oft: mehr vom gleichen. Ein verkrampfter Versuch, unseren Besitz zu konsolidieren, uns das Erreichte zu sichern. Hauptsache, uns geht es gut, notfalls auf Kosten der anderen. Nach uns die Sintflut. Und außerdem machen wir ja auch mit in der Fernsehlotterie, aus deren Erlös gute Werke unterstützt werden. Also ist doch alles in Ordnung. Und die Umwelt? Darüber hörten wir vor kurzem in unverfälschtem Dialekt das folgende: „Treibhauseffekt, glauben Se dat? De Erde besteht schon Milliarden Jahre, denken Se echt, das dat auf einmal zu Ende is? Umwelt, dat is nur Geldmacherei."

Eine typische Reaktion nicht nur „einfacher Leute". Von dem niederländischen Multikonzern Philips wurden im vergangenen Jahr regelmäßig Reklamespots im Fernsehen gezeigt, in denen in etwa folgendes passierte: Vater kommt von der Arbeit nach Hause, er ist sichtlich aufgeregt. Er begrüßt seine Frau, indem er ihr die Kopfhörer vom Kopf reißt und die Stereoanlage mit einem Vorschlaghammer bearbeitet. Dann kommt der Computer des Söhnchens an die Reihe, und schließlich das Computerspiel, mit dem seine Tochter beschäftigt ist. Zunächst ist die ganze Familie verschreckt. Weg mit dem alten Plunder! Schlag das Zeug kaputt, in die Mülltonne damit! Vater hat einen CD-I-Player gekauft. Musik. Ende des Reklamefilms: Die Familie sitzt vereint um ein ganz neues Gerät.

Unser Glück auf Vernichtung zu basieren und erst dann genießen zu können ist die Botschaft! Aber Vorsicht ist geboten, denn während ich einen CD-I-Player kaufe, beschleicht mich das Gefühl, daß ich bald wieder hoffnungslos hinterherhinke. Gibt es nicht schon wieder etwas Neues, Besseres, Teureres, das es zu kaufen lohnte?

Glücklicherweise fällt nicht jeder auf dieses grobe Reklamegeschütz herein. Aber es macht wirklich keinen Spaß festzustellen, daß wir keinen Fortschritt mehr machen, trotz der Prozente, die wir jedes Jahr mehr bekommen, trotz der neuen Dinge, Reisen und Spiele. Das zeigt sich nicht nur an der Aufmerksamkeit, die die *Vrekkenkant* bekommt. Der Journalist Hans Ferrée schrieb im NRC Handelsblad vom 27. Oktober 1993 einen Artikel zu diesem Thema, dessen Titel übersetzt lautet: „Besser leben mit weniger Geld, kreativ sparsam zu sein erhält Status." Er zitiert dabei eine weltweite Untersuchung von Global Scan, in der über die Niederlande folgendes gesagt wird: „Immer mehr Niederländer sind bereit, sich nach der Decke zu strecken, weil ihnen klar ist, daß „weniger" auch durchaus „mehr" sein kann, wenn man die Lebensqualität an mehr mißt als an der Kaufkraft." Die Mehrheit allerdings denkt noch lange nicht so. Es gilt, noch viele Barrieren zu nehmen, aber die Trendsetter sind bereits dabei, die Weichen neu zu stellen. Die Secondhandshops verlieren ihr armseliges Image und schießen wie Pilze aus dem Boden. Immer mehr „Upper middle class"-Bürger haben die Scham überwunden und kaufen bei Aldi, im Plus-Markt und bei Woolworth.

> **!** *Essen Sie so lange nicht mehr im Restaurant, bis es wieder zu einem echten Ereignis geworden ist!*

Die Gruppe der „Öko-Konsumenten" wird immer größer. Das sind Menschen, die sich immer weniger durch Habsucht und Neid leiten lassen, sondern in einer Welt, die täglich maroder wird, ihre eigenen Normen und Werte suchen.

Es ist anzunehmen, daß sich dieser gerade erst beginnende Trend genauso durchsetzen wird wie der des „Nichtrauchens". Als ich Anfang der siebziger Jahre bei einer Versammlung um Rauchverbot bat, wurde ich beinahe des Konferenzraumes verwiesen und die Angegriffenen rauchten doppelt so viel, am liebsten schwarzen Shag. Inzwischen verhalten sich Raucher viel rücksichtsvoller. Die Tabakindustrie versucht verzweifelt, verlorenes Terrain zurückzuerobern, aber das scheint nicht zu klappen; die Zahl der Nichtraucher steigt stetig. In den Vereinigten Staaten sind Nichtraucher bereits die Norm, und Raucher sind fast Parias geworden. Es ist allerdings die Frage, ob das nun so gut ist.

„Kreative Sparsamkeit" gilt momentan noch als außergewöhnlich, so wie früher das „Nichtrauchen". Aber laut Ferrée sind Geiz und Sparsamkeit auf dem besten Wege, sich ins Gegenteil von Armut zu verkehren. „Sie haben ‚Konversationswert‘, was eigentlich das gleiche ist wie Statuswert, lediglich gelten dafür andere, nicht-materielle Kriterien, wie zum Beispiel das Abschaffen des Autos mit dem Argument: fürs gleiche Geld kann ich 10 000 Bücher aus zweiter Hand kaufen, vier Wände voll, und damit spare ich wieder Tausende von Gulden für Heizung und Isolierung. Und die Bücher kann ich dann angenehm im Zug lesen, denn jeden Tag mit dem Auto in der Schlange zu stehen, das ist echte Armut.“

Wie kommt es, daß Geiz, entgegen aller Erwartungen, soviel Konversationswert hat?

> **!** *Was Sie umsonst bekommen können, brauchen Sie nicht zu kaufen!*

Nach zwei Jahren Redaktion der Zeitung *Vrekkenkrant* weiß ich darüber einigermaßen Bescheid. Schließlich könnten wir alle einmal zur Sparsamkeit gezwungen werden. Eigentlich wissen wir auch, daß unser verschwenderischer Lebensstil nicht ewig dauern kann. Irgendwann könnten wir gezwungen sein, sparsam und geizig zu leben: ein beängstigendes Zukunftsbild. Sparsamkeit assoziieren wir mit bestimmten Lebensabschnitten, dem Studium oder dem Anfang unserer Ehe, Zeiten also, in denen wir mit wenig auskommen mußten. Das waren schwierige Zeiten, aber genaugenommen gab es in diesen Zeiten auch viel Positives. Maß mußte kreativ sein, und das schenkte Befriedigung, man teilte viel und half sich gegenseitig.

Es gibt noch andere Gründe, weshalb Sparsamkeit ein so beliebtes Gesprächsthema ist. Sie hat viel mit „Haushalt“ zu tun, und damit muß sich jeder irgendwie beschäftigen, ob er will oder nicht. Jahrelang wurde über das Haushalten lediglich im negativen Sinne gesprochen, Hausarbeit war „out“. Möglichst wenig mußte so schnell wie möglich erledigt werden. Alles drehte sich um die Arbeit außer Haus, sowohl für Männer wie für Frauen. Sogar Kindererziehung wurde als schwere Last aufgefaßt, die man teilen oder am liebsten anderen überlassen mußte. Ich habe als Mann, angespornt von einer feministischen Ehefrau und aus einem Gefühl der Solidarität heraus, jahrelang die Hausarbeit erledigt. Nicht, weil ich es so schön fand, sondern weil es sein mußte. Solch langweilige Arbeit durfte man nicht auf die Frau allein abschieben, davon war ich überzeugt. Aber Hausarbeit mit Vergnügen tun? Nein! Jetzt empfinde ich es als Erleichterung, darüber auch anders sprechen zu können, über die schönen Seiten der Hausarbeit, die Kreativität, die man dabei entwickeln kann, die Aufmerksamkeit, die man kleinen Dingen widmen kann. Ich stelle erst jetzt allmählich fest, wie befriedigend Hausarbeit sein kann.

Jet Creemers, die Direktorin der Firma Planpraxis – einem Büro, das jährlich Tausenden von Familien, die Arbeitslosengeld oder Sozialhilfe beziehen, beim Tilgen ihrer Schulden hilft –, bestätigt aufgrund ihrer Tätigkeit diese Neubewertung der Hausarbeit. In einer Rede anläßlich der Verleihung eines Preises für innovatives Unternehmertum sagte sie: „Gute Organisation der Hausarbeit ist eine wichtige Voraussetzung für das gesellschaftliche Funktionieren von Menschen. Wenn der Haushalt problemlos läuft, wird Energie für andere Dinge freigesetzt, ist der Haushalt ein Chaos, wirkt sich das auf alles aus. Einen Haushalt zu führen ist mit der Leitung eines Unternehmens zu vergleichen." Deshalb hat guter Umgang mit Geld Konversationswert. Es ist durchaus nicht einfach, einen Haushalt gut zu führen, aber es ist möglich. Vor allem, wenn man es als echte Arbeit betrachtet, mit der man Ehre einlegen kann und über die man selbstverständlich sprechen kann. Geiz und Sparsamkeit fangen beim „Haushaltsgeld" an, in der Familie, ob groß oder klein, und meist bei der Frau, die einen Großteil des Geldes verwaltet. Sie ermöglicht durch sorgfältigen, sparsamen Umgang damit allerlei größere Anschaffungen, ob sinnvoll oder nicht. Darum schreiben uns viele Frauen: „Endlich (Wieder-)Anerkennung, endlich eine Zeitung, die sich nicht mit Filmstars und dem Ausgeben von Geld beschäftigt, sondern mit einfachen Dingen und normalen Menschen, alltäglichen Problemen." Dessen braucht man sich nicht zu schämen, das begreifen mehr und mehr „bewußte" Geizhälse.

Wofür nutzt man seine Energie, was ist wirklich wichtig? Das sind Fragen, die der *Vrekkenkrant* zugrunde liegen und die auch in einem Buch, das wir vor kurzem entdeckten, *Your Money or Your Life*, behandelt werden. Darin behandeln die Autoren Joe Dominguez und

Vicki Robin nicht nur die Hausarbeit, sondern das ganze Leben als „Unternehmen", in dem man zu bestimmten Zeiten Bilanz zieht, Gewinn- und Verlustrechnungen erstellt und Budgets aufsetzt. Dabei geht es nicht nur um das Geld, das man verdient, sondern auch um die Energie, die Zeit, die Mühe, die Liebe, die man in etwa investiert, und die Genugtuung und Anerkennung, die man dafür zurückbekommt. Das Bilanzieren des eigenen Lebens kann überraschende Ergebnisse haben. Meine Frau und ich haben das bereits entdeckt, aber es ist noch zu früh, dies ausführlich zu behandeln.

Sparsamkeit kann auch unsere Abhängigkeit von der Technik durchbrechen oder sie zumindest in Frage stellen. Die meisten von uns sind mit der Vorstellung groß geworden, daß man für alles eine Lösung kaufen kann, daß man für alles einen Sachverständigen nötig hat. Wenn etwas kaputtgeht oder wenn wir etwas machen bzw. ein Problem lösen wollen, wenden wir uns an das nächstbeste Geschäft, oder – noch schlimmer – an einen sogenannten Experten. Und wie im Flug haben wir etwas erworben, das „ungefähr richtig" ist. Nach einer Zeitlang gehen wir auf die Suche nach etwas noch Besserem, etwas noch Neuerem. Sparsamkeit dagegen zwingt dazu, erst nachzudenken. Dann hat man schnell begriffen, daß man mit gesundem Verstand und etwas Einfallsreichtum enorm viel erreichen kann, ohne jemanden zu konsultieren oder etwas zu kaufen. Die Lösung, die man selbst gefunden hat, ist manchmal besser als die, die ein anderer gefunden hätte. Und sie schenkt Befriedigung. Was will man noch mehr?

! *Gehen Sie nur mit vollem Magen einkaufen!*

Beim einen sind es die Füße, beim anderen ist es der Rücken, der kalt ist, obwohl in den letzten Jahrzehnten fast alle Häuser isoliert wurden. Die Heizkessel heizen alle Zimmer, und doch nehmen die Klagen über die Raumtemperatur kein Ende. Zu wenig Ventilation, trockene Luft, es ist zu kalt oder zu warm. Und die Energierechnung ist um ein Vielfaches höher als früher. Dann heißt die Devise: Erst mal in Ruhe nachdenken. Um was geht es eigentlich? Ich möchte, daß mir angenehm warm ist, auch während ich stillsitze, und ich hätte gerne eine niedrige Energierechnung. Dann ist der Wohnmantel eine echte Entdeckung. Ein Schlafsack, bei dem dank eines einfallsreich angebrachten Reißverschlusses und einiger Druckknöpfe die Füße, die Arme und der Kopf frei bleiben. Ihr ganzer Körper bleibt warm, der Kopf kühl, Sie können sich einigermaßen frei bewegen, und die Energierechnung bleibt minimal. Bevor Sie Doppelfenster, Kerndämmung und einen elektronischen Heizkessel anschaffen, sollten Sie über diese Lösung einmal nachdenken. Falls Ihnen das alles zu kompliziert klingt, ziehen Sie einfach wärmere Kleidung an, ziehen Sie dicke Socken an, oder wickeln Sie sich in eine Wolldecke. Letzteres ist übrigens viel gemütlicher, vor allem, wenn man zu zweit darunter sitzt. Das ist keine Armut, sondern einfach angenehm.

Studenten, für die wir Vorträge hielten, rissen uns die Vorlage für den Wohnmantel fast aus den Händen.

So gibt es noch endlos viele Themen, bei denen Sie sich fragen können: Kann man sich mit weniger Aufwand mehr leisten? Schneller finanzieller Gewinn ist Ihnen sicher. Aber auch, wenn Ihnen das nicht wichtig ist, wird Ihr Leben angenehmer, weil Sie unabhängiger werden und mehr Spaß haben. Vor allem, wenn Sie sich gegenseitig in einem Wohnmantel durchs Wohnzimmer hoppeln sehen. Dabei beschränkt sich der Treibhauseffekt auf Ihren Wohnmantel!

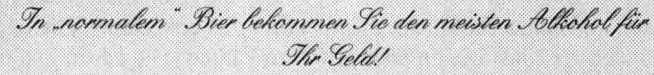

! In „normalem" Bier bekommen Sie den meisten Alkohol für Ihr Geld!

Die ersten Schritte zur Konsum-verringerung

Weniger zu konsumieren bzw. sich mit weniger Geld mehr leisten zu können, das klingt verlockend. Aber wo und wie muß man damit anfangen? Wir fallen gleich mit der Tür ins Haus: Es macht nicht viel aus, womit man anfängt. Es geht vor allem darum, daß Sie Ihre eigene Situation einmal gut analysieren, daß Sie Abstand nehmen und neu beginnen. Die Gründe, weshalb Sie mit weniger auskommen wollen oder müssen, können unterschiedlicher Natur sein. Vielleicht sind Sie es leid, ewig Geld auszugeben, es schenkt Ihnen keine Befriedigung mehr. Oder Ihr Einkommen ist momentan etwas geringer, und Sie haben somit gar keine andere Wahl. Es ist auch möglich, daß Sie endlich den Traum, den Sie seit Jahren haben, realisieren, Schulden tilgen, eine lange Reise machen, für eine ordentliche Rente sorgen oder Ihr Geld in Projekte investieren wollen, hinter denen Sie stehen.

Mit weniger Investitionen mehr erreichen ist in der Wirtschaft schon lange nichts Neues mehr. Dort nennt man es „Lean Production", schlanke Produktion: das heißt, mit möglichst wenig Rohstoffen, Energie und Arbeit etwas produzieren. Diesem keineswegs neuen Thema werden unzählige Symposien gewidmet. Jeder Geschäftsmann weiß, daß es zwei Methoden gibt, Geld zu verdienen. Man kann mehr Umsätze erzielen oder die Kosten senken. Meist denkt man vor allem an ersteres. Vor allem in schwierigen Zeiten jedoch wird auch die zweite Strategie angewandt. Was Geschäftsleute können, können Konsumenten ebensogut. Auch für sie ist „Lean Production" eine Herausforderung.

Vor allem zu Anfang ist es einfach, herauszubekommen, wo und wie man Kosten senken kann. Jeder weiß ungefähr, wofür er relativ viel Geld ausgibt und ob diese Ausgaben wirklich notwendig sind oder nicht. Denken Sie immer daran, daß es darum geht, mit weniger Aufwand mehr zu erreichen. Kosten zu senken ist an sich kein großes Problem, aber wem sagt das schon zu? Wenn man keine Lebensmittel kauft, spart man natürlich eine Menge Geld, vor allem, wenn man die knapp bemessenen Mahlzeiten lange durchhält, aber es ist natürlich viel befriedigender, für weniger Geld genauso viel oder sogar noch mehr bzw. besser zu essen. Um zu erfahren, wie Sie dies erreichen können, eignet sich vor allem die Methode „erstaunter Zwerg".

Diese Methode wurde für die Unternehmensanalyse entwickelt, sie kann aber auch auf das individuelle Verhalten von Verbrauchern angewandt werden. Denn der Haushalt, in dessen Rahmen der Verbraucher operiert, ist letztendlich ein Unternehmen. Ein Unternehmen, das von einer oder mehreren Personen gegründet wird, um haushaltstypische Produkte zu erzeugen: Schutz gegen Witterungseinflüsse, gefüllte Mägen, warme, angenehm riechende Körper, Erziehung, Entspannung, Vergnügen und noch mehr. Zu diesem Zweck werden Rohstoffe erworben, mit denen dann, durch Hinzufügung von Arbeit und Kapital, Produkte erzeugt werden. Am Entstehen einer Mahlzeit läßt sich dies sehr gut demonstrieren. Mit den gekauften Lebensmitteln begibt sich der Arbeiter an den Arbeitsplatz, in diesem Fall die Küche, und erzielt mit dem Einsatz von allerlei Betriebsmitteln (Töpfen, Herd, Gas, Kochbuch) das bekannte und geschätzte Resultat.

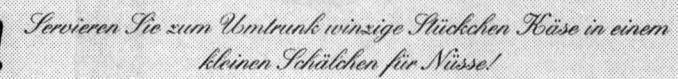

! *Servieren Sie zum Umtrunk winzige Stückchen Käse in einem kleinen Schälchen für Nüsse!*

Es ist durchaus verständlich, daß Bücher, die sich mit Haushaltsführung beschäftigen, der Buchhaltung und der Budgetgestaltung viel Platz einräumen, denn so werden die finanziellen Kreisläufe innerhalb des Haushalts gut erfaßt. Genau wie in jedem anderen Unternehmen ist dies eine gute Methode, um dahinterzukommen, was sich tatsächlich abspielt. Falls Sie etwas über Ihr eigenes Verhalten erfahren wollen, ohne gleich ein tabellarisches Ausgabenbuch zu führen, ist die Methode „erstaunter Zwerg" jedoch viel lustiger und – vor allem am Anfang – durchaus effektiv. Die Methode macht Spaß, weil man sie am besten mit einem guten Freund, einer guten Freundin oder dem Partner erproben kann.

Es geht darum, eine bestimmte Situation mit ganz neuen Augen zu betrachten, als ob man sie zum ersten Mal mitmacht. Wie ein Zwerg, den es zum ersten Mal in die Welt der Erwachsenen verschlagen hat. Probieren Sie vor allem, das Erstaunen zu simulieren, das einen Zwerg überfallen würde, wenn er sähe, was wir so alles tun. Probieren Sie, wirklich ganz unbefangen alles zu beobachten, so, wie es Kinder tun. Am Anfang fällt das zwar noch schwer, nach einiger Zeit aber wird es ein interessanter Zeitvertreib, vor allem, wenn man es zusammen tut. Sie werden feststellen, daß Sie damit viel Neues über Ihr alltägliches Verhalten entdecken: Sie sehen alles aus einem neuen Blickwinkel. Die Methode ist vielseitig einzusetzen, am Anfang sollten Sie sich jedoch auf ein übersichtliches Gebiet beschränken. Betrachten Sie das Kochen auf einem Herd einmal mit den Augen eines Fremden. Jemand setzt einen Topf mit Wasser auf den Herd, um Makkaroni zu kochen. Erst muß das Wasser kochen. Ein erstaunter Zwerg, der das nicht weiß, sieht den dampfenden Topf und fragt: „He, warum tust du das? Muß sich der Dampf in der Küche ausbreiten? Sollen die Fenster undurchsichtig werden?" Es geht darum, solche und ähnliche Fragen zu stellen, die einem selbst klarer werden lassen, warum sich manche Arbeitsabläufe so und nicht anders bei uns eingeschliffen haben und ob man sie nicht auch ganz anders und besser organisieren könnte.

! *Den „besten Tip" gibt es nicht! – Jede Anregung ist wertvoll!*

Sie werden bald entdecken, daß vieles, was Sie tun, nicht unbedingt logisch ist. Sie haben es zwar so gelernt, aber warum es so am besten ist, wissen Sie selbst nicht. Doch machen Sie es jeden Tag genauso wie gestern. Lassen Sie sich vom erstaunten Zwerg helfen, und Sie werden feststellen, daß sich in Ihrem Haushalt vieles positiv verändern läßt. Zeigen Sie dem Zwerg einmal, wie Sie Lauch schneiden und putzen. Er wird Sie garantiert fragen, warum Sie die grünen Teile abschneiden und größtenteils wegwerfen, während Sie die helleren Teile zubereiten. „Warum ißt du das nicht, schmeckt das nicht, woher weißt du das, hast du es schon einmal probiert?" Wenn Sie erst einmal Geschmack an dieser Methode gefunden haben, sind Sie viel eher motiviert, den Dingen auf den Grund zu gehen.

Recht bald wird dann der Moment kommen, an dem Sie Ihr Verhalten ändern wollen, weil Sie einsehen, daß Sie vieles aufs Geratewohl tun. Vieles können Sie selbst oder zusammen mit einem Partner untersuchen, aber genauso wie im Geschäftsleben ist es manchmal auch vernünftig, einen Experten zu konsultieren, der mit den neuesten Erkenntnissen der Betriebswirtschaft vertraut ist. Was Sparsamkeit und Einsparungen betrifft, geht es allerdings oft nicht um den letzten Schrei, denn schon seit langer Zeit besteht darüber viel Wissen. Es ist eher so, daß die Gefahr besteht, daß diese Kenntnisse verlorengehen. Es geht um das Wissen von Menschen, die notgedrungen sparsam sein mußten. Menschen, die den Krieg mitgemacht haben, die Krisenjahre, den Wiederaufbau. Fragen Sie deshalb einmal Ihre Eltern oder Großeltern über früher aus. Sie werden sprachlos sein über den Einfallsreichtum und die schlauen Tips und Tricks, die sie kennen. Sie werden natürlich auch weniger schöne Geschichten hören, denn das war ja alles andere als eine schöne Zeit, aber dadurch werden die Gespräche noch fesselnder.

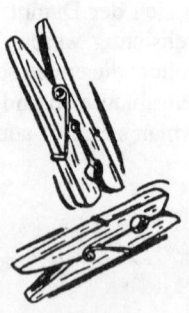

Vor kurzem erzählte mir eine Bekannte, daß es ihren Eltern in den Krisenjahren so schlecht ging, daß es zum Abendessen nichts anderes als Brei gab. Um das Essen doch zu einem Ereignis zu machen, deckte ihre Mutter die Tafel wunderschön, mit einem gestärkten Tischtuch, dem besten Besteck und Service, mit Blumen und anderem Zierat. Trotz des mäßigen Essens spricht man in der Familie auch nach 60 Jahren noch immer von diesen festlichen Abenden. Das heißt nicht, daß bei Ihnen an einem festlich gedeckten Tisch Schmalhans Küchenmeister sein muß. Aber durch diese Geschichte wurde mir wieder einmal klar, was eigentlich ein gemütliches Essen ausmacht, zum Beispiel, wenn ich außer Haus esse. Ich genieße die gepflegte

Atmosphäre, die aufmerksame Bedienung, und ich brauche nicht abzuwaschen. Das Essen muß natürlich auch schmecken, aber es muß nicht teuer sein. Der Preis ist weniger wichtig als die anderen Dinge. Weshalb also nicht nach Restaurants suchen, die einfach und preiswert sind, bei denen jedoch der Atmosphäre viel Aufmerksamkeit geschenkt wird? Wenn Sie Ihren gesunden Menschenverstand benutzen und auf Leute hören, die schon länger weniger konsumieren, verfügen Sie wahrscheinlich innerhalb kürzester Zeit über eine Reihe von Möglichkeiten, um ohne Einbußen bei Luxus oder Komfort Geld übrigzubehalten. Das schenkt Befriedigung. Sie können nun sparen, statt Schulden zu tilgen, oder Geld für die Dinge ausgeben, die Ihnen wirklich wichtig sind. Das ist das Anziehende am Sparen: Die Resultate sind sofort sichtbar.

„Man sollte allerdings jahrelang gut verdient haben, um Spaß an der Konsumverringerung zu haben", schrieb ein Journalist über die *Vrekkenkrant*. Er hat damit nicht ganz unrecht.

Wenn man nicht viel hat, ist es viel schwieriger oder ganz und gar unmöglich. Konsumverringerung ist vor allem etwas für diejenigen Menschen, die es sich leisten können. Die Hälfte der Niederländer verdient 3000,– Gulden netto oder mehr pro Monat. Nicht alle, aber viele dieser Menschen könnten, wenn sie das wollten, mit weniger auskommen. Wir bekommen aber auch Briefe von Leuten, die wenig verdienen und auf kreative Art und Weise in der Lage sind, sich alles mögliche zu leisten. Auch von ihnen kann der Durchschnitts-Vielverbraucher einiges lernen.

Nach einem erfolgreichen Start kann die Konsumverringerung ins Stocken geraten. Wenn Sie dann noch Fortschritte erzielen wollen, müssen Sie strategisch vorgehen. Die meisten von uns haben irgendeine Gewohnheit, die sie viel Geld kostet, obwohl sie uns eher schadet als nützt. Rauchen, Naschen und (zuviel) Trinken sind deutliche Beispiele. Aber auch andere Gewohnheiten können zur Sucht werden. Zu kaufen, um unangenehme Gefühle zu verdrängen, ist ein weitverbreitetes Phänomen. Für wirklich schwere Fälle hat man sich in Amerika bereits einen Namen ausgedacht: CSDS – Compulsive Spending Disorder Syndrome. Ein jeder kennt die weniger gefährliche Variante: Man fühlt sich nicht besonders gut und, ohne daß man es eigentlich will, steht man im Geschäft, um etwas zu kaufen; Kleidung, ein Stück Kuchen, ein Buch, was einem eben Trost spendet. Dagegen ist nichts einzuwenden, aber wenn Sie dieses Verhalten bei sich in ernsthaftem Ausmaß erkennen, können Sie etwas dagegen tun.

Da es die „Anonymen Verbraucher" noch nicht gibt, müssen Sie
selbst Ihre Sucht bekämpfen. Der „Cold Turkey" ist die radikalste
Methode.

Einfach aufhören und abwarten, was passiert. Anderen gefällt es vielleicht besser, nach und nach aufzuhören und nach „Ersatzdrogen" zu
suchen, die billiger sind und hoffentlich weniger süchtig machen. In
jedem Fall ist es gut, sich selbst für jeden Schritt, den man schafft,
reich zu belohnen. Bei der Konsumverringerung ist das kein Problem.
Sie können sich selbst versprechen, daß Sie mit dem Geld, das übrigbleibt, etwas tun, was Ihnen wirklich Spaß macht. Belohnen Sie sich
selbst! Eine Frau, die versuchte, es sich abzugewöhnen, immer wieder teure Geschenke zu machen, stopfte jedes Mal, wenn sie etwas
Selbstgemachtes verschenkt hatte, das gesparte Geld ins Spar-
schwein. Davon konnte Sie nach einem Jahr drei Tage Ferien für die
gesamte Familie bezahlen.

Zu den schwierigsten Dingen gehört es aber, nach einer Enttäu-
schung oder einem Rückfall weiterhin weniger zu konsumieren.
Wenn ich feststelle, daß ich 25 Gulden oder eine neue Straßenbahn-
karte verloren habe, würde ich am liebsten alles hinschmeißen. Wie
oft muß ich altes Brot aufbewahren, Pfandflaschen von der Straße
mitnehmen oder bewußt einkaufen, um diesen Rückschlag wieder-
gutzumachen? Dann überfällt mich ein Gefühl der Sinnlosigkeit. Die
Anstrengungen einer ganzen Periode sparsamen Lebens sind durch
meine Dummheit mit einem Schlag zunichte gemacht. Ich habe festgestellt, daß diese Situation denen ähnelt, die ich erlebte, als ich versuchte, mit dem Rauchen aufzuhören. Schließlich ist mir das auch gelungen, und zwar dadurch, daß ich eine Methode aus Amerika an-
wandte, bei der man nicht „für immer" aufhört, sondern jeweils nur
für einen kurzen Zeitraum. Das klingt komisch, aber es hilft. Denn
wenn man für immer aufhören will, fällt es einem furchtbar schwer,
und der Gedanke, daß man nie mehr im Leben eine Zigarette rauchen
wird, geht einem nicht aus dem Kopf.

Sich für einen kurzen Zeitraum einzuschränken ist zu übersehen, das kann man schaffen. Am Ende einer solchen Periode kann man sich absolut frei entscheiden, ob man wieder anfängt zu rauchen oder wiederum für eine kurze Zeit stoppt. Diese Methode berücksichtigt die erwiesene Tatsache, daß jeder einmal schwach wird. Es ist aber gar nicht so schlimm, wenn man einmal der Versuchung erliegt. Man fängt einfach wieder von vorne an.

Stellen Sie sich auch darauf ein, daß Ihre Umgebung nicht immer verständnisvoll reagieren wird. Eigentlich wäre es logisch, daß jeder Sie unterstützt, aber so ist es nicht. Ihr Verhalten konfrontiert andere mit ihren mehr oder weniger ernsthaften Lastern. Während einer Lesung erzählte mir einmal eine ältere Dame, daß sie von ihren Kollegen jahrelang gehänselt wurde, weil sie immer „kärgliche" Butterbrote zum Mittagessen mitbrachte, obwohl es in ihrem Betrieb üblich war, mittags Sandwiches zu kaufen oder essen zu gehen. „Sie sitzen noch alle in ihren Mietwohnungen, während ich eine Eigentumswohnung am Meer habe." Man muß für sich einfach Prioritäten setzen und dann die richtigen Entscheidungen treffen.

Bis zur Schmerzgrenze
oder darüber hinaus?

Zu versuchen, mit weniger auszukommen, als man gewöhnt ist, erscheint recht schwierig. Wir sind eher daran gewöhnt, daß es genau umgekehrt ist: daß wir immer mehr ausgeben können. Wenn man jung ist, verdient man wenig, aber im Laufe der Jahre wird es mehr. Man wird befördert, bildet sich fort, man bekommt mehr Erfahrung, und so wird auch der Betrag auf dem Gehaltszettel höher. Inzwischen wachsen die Ausgaben wie von selbst mit. Mit dem Wohnen ist es genauso. Man fängt vielleicht in einem Studentenzimmerchen bei einer Vermieterin an, danach kommt eine Mietwohnung, und einige Jahre danach kommt die Eigentumswohnung in Sicht. Für ein paar Glückliche gibt es sogar freistehende Häuser im Grünen.

Einen Rückgang im Ausgabenverhalten assoziieren wir mit Unglück, Krankheit, Alter und Depression. Wenn ich in unserer 3-Zimmer-Wohnung Besuch empfange und erzähle, daß ich früher in einem Haus mit sieben Zimmern wohnte, fällt mir auf, daß die Leute mich mitleidig ansehen und auf eine Geschichte über Scheidung, finanzielle Probleme und anderes Elend warten. Ich gebe zu, daß eine solche Veränderung nicht von einem auf den anderen Tag stattfindet. Und doch hat sich der Umzug für mich auf mancherlei Gebiet als Fortschritt erwiesen. Mir blieben geringere Kosten, weniger Putzarbeit, weniger Besitz, geringere Verantwortung. Man kann es auch anders ausdrücken: Mir bleibt mehr Geld für etwas anderes als Wohnlasten. Und mehr Zeit und Energie für interessantere Dinge als Hausarbeit. Aber mir fehlte mein Garten, den ich übrigens erst nach einigen Jahren vermißte, als mir der Balkon mit Blumenkästen nicht mehr genug war. Dabei ging es mir nicht darum, tagsüber oder abends im Freien sitzen zu können, denn in der Umgebung meines neuen Hauses gibt es genug Parks, die ich mir sofort „angeeignet" habe. Ich bilde mir ein, daß das meine eigenen Gärten sind, in denen auch andere Menschen sich aufhalten dürfen, wenn sie sich einigermaßen an die Ordnung halten. Ab und zu hebe ich etwas vom Boden auf und schmeiße es in die Mülltonne, und ich kontrolliere, ob die Gärtner ihre Arbeit ordentlich getan haben. Da lag das Problem also nicht. Mir fehlte das Wühlen in der Erde, das Säen und das Zuschauen, wie neue Pflanzen und Blumen wachsen. Ich beschloß, mir einen Schrebergarten zuzulegen, um auch Gemüse züchten zu können. Das hatte ich immer schon gewollt, aber der Garten, der zu unserem vorigen Haus gehörte, war wegen der Lage mitten in der Stadt und der geringen Größe dafür ungeeignet gewesen.

Ungefähr die gleiche Geschichte kann ich über das Abschaffen des Autos erzählen, das ich als große Erleichterung empfand. Abgesehen vom Geld, das es kostet, muß man sich immer Sorgen machen, wenn man so ein teures Stück Metall auf Rädern besitzt. Das Autofahren hat mir selten Spaß gemacht. Ab und zu, wenn ich alleine fuhr und alles glatt ging, erfaßte mich ein Gefühl der Schnellheit, des Reichtums, der Macht und des Erstaunens darüber, daß ich das alles konnte. Aber die vielen Male, wo es anders war … Wie oft habe ich mich nicht verfahren, wie oft wußte ich zwar, wo ich selbst war, aber nicht mehr, wo mein Auto war. Wir zogen um ins Stadtzentrum, ich bekam eine Stelle, für die ich kein Auto mehr brauchte, also: weg damit. Für die ganze Familie wurden Fahrräder angeschafft.

> **!** *Der sicherste Weg, Ihr Geld zu verdoppeln, ist, es doppelt zu falten und in Ihre Tasche zu stecken!*

Ab dem Moment, an dem meine autofreie Zeit begann, wurden meine Ferien abwechslungsreicher und angenehmer. Zwischen mir und der Natur befindet sich kein Fenster mehr, der Kontakt ist direkt. Ich habe keine Angst mehr vor Unfällen, die mich selbst treffen könnten oder – noch schlimmer – die ich verursachen könnte. Keine Streitereien mehr wegen falsch gelesener Karten oder wachsender Spannung, weil immer länger durchgefahren wird als vereinbart. Ich entdeckte das Wandern mit Rucksack und Zelt, Urlaub auf dem Campingplatz, Anhalterreisen und Bergsteigen in einer Gruppe. Statt Urlaubsreisen immer im gleichen Auto zu machen, reise ich jetzt mit Bus, Zug und – ab und zu – mit dem Flugzeug, ich reise per Anhalter, ich fahre rad oder wandere.

Ab und zu vermisse ich ein Auto, zum Beispiel nachts, wenn Straßenbahn und Bus nicht mehr fahren, oder bei besonders schlechtem Wetter. Dann leisten wir uns ein Taxi. Und wenn wir meine Eltern zu ihrem Urlaubsort fahren, mieten wir ein Auto. Das können wir von einem Teil des Geldes, das wir sparen, mit Leichtigkeit bezahlen, denn schon ein einfaches Auto kostet jeden Monat um die 500 Mark.

Konsumverringerung bis an die Schmerzgrenze nenne ich das. Bei der kleineren Wohnung erreichte ich die Grenze beim fehlenden Garten. Das „tat weh", und deshalb habe ich etwas dagegen getan. Ich entdeckte das Phänomen „Schrebergarten" und merkte, daß das Pachten eines Grundstücks in einer solchen Anlage nur einen Bruchteil dessen kostet, was ein Garten kostet, zu dem ein Haus gehört. Wenn auch noch ein kleines Haus im Garten steht, haben Sie für wenig Geld eine zweite Wohnung. Einen Platz, wo Sie stundenlang draußen sein können, an dem das Telefon nicht klingelt, wo Sie Ihre Ruhe haben.

Kleiner wohnen und bei den Wohnlasten sparen war für uns recht einfach, weil unsere Kinder aus dem Haus gingen. Ob dies möglich ist, hängt sehr von der Situation und Lebensphase ab, in der man sich befindet. Eine Familie mit kleinen Kindern kann das kaum tun, denn sie braucht mehr Platz, so daß jedes Familienmitglied seinen eigenen Raum hat. Auch die Idee, ohne Auto zu leben, wird nicht jedem gefallen, wenn zum Beispiel die Verbindung mit öffentlichen Verkehrsmitteln nicht gut ist oder wenn man körperlich eingeschränkt ist.

Was bleibt dann noch übrig, wenn man einfacher und billiger leben will? Genug. Im Haushalt, bei den täglichen Einkäufen kann man meist 20 bis 25 Prozent einsparen. Nicht einfach kaufen, sondern gut nachdenken und die folgenden Tips nutzen macht schon einiges aus: Kaufen Sie nur Gemüse und Obst der Saison, achten Sie auf Sonderangebote, kaufen Sie größere Mengen (eine Kilopackung statt eines Pfundes). Und vergleichen Sie die Preise der Supermärkte miteinander. Wenn Sie dann außerdem keine Essensreste mehr wegwerfen (auch kein altes Brot, denn das kann getrocknet und bis zu einem Jahr aufbewahrt werden) und weniger Fleisch essen, macht das schon einiges aus. Wenn Sie das Prinzip beherrschen, ist der Rest ein Kinderspiel. Niemandem fällt es auf, wenn Sie statt eines Pfundes 400 Gramm Hackfleisch und für den Rest Paniermehl nehmen (dann haben Sie auch eine gute Verwendung für Ihr altes Brot). Orangensaft einer unbekannten oder Hausmarke kostet die Hälfte eines Markenartikels, für den viel Reklame gemacht wird, denn das Geld für die Reklame muß ja schließlich auch irgendwo herkommen.

> **!** *Do it yourself!*

Kündigen Sie alle Abonnements auf Zeitschriften, die Sie nicht lesen, weil Sie keine Zeit dazu haben. Wenn Sie für etwas regelmäßig keine Zeit haben, ist es offenbar nicht so wichtig, wie Sie dachten. Geben Sie anderen Dingen den Vorzug.

Studieren Sie auch einmal Ihre Stromrechnung. Vergleichen Sie Ihren Verbrauch mit dem des durchschnittlichen Deutschen. Geht es um Verbrauch oder um Mißbrauch? Hier und da eine Birne mit einer niedrigeren Voltzahl einzuschrauben oder durch eine Sparbirne zu ersetzen kostet keine Mühe. Den Heizungsthermostat stellen Sie erst um ein Grad niedriger ein und nach einigen Wochen um ein weiteres Grad. Sie gewöhnen sich schneller daran, als Sie denken. Oder stellen Sie den Thermostat so ein, daß er einige Male am Tag niedriger brennt, so daß Sie ihn nicht immer wieder niedriger stellen müssen, weil Ihnen zu warm ist. Rechnen Sie auch einmal aus, was das einbringt, und stellen Sie den Stromverbrauch anderer Apparate fest. Ein elektrischer Boiler ist zum Beispiel ein Stromfresser. Falls Sie doch ein neues Gerät brauchen, können Sie besser einen Durchlauferhitzer nehmen.

> **!** *F. d. H. ist und bleibt die beste Diät!*

Machen Sie sich konsequent Brote, um sie mit in die Schule, zum Arbeitsplatz oder auf einen Ausflug mitzunehmen. Wünschen Sie sich zum Geburtstag eine supermoderne Thermosflasche, und gehen Sie nie ohne einen Apfel und ohne Tee oder Kaffee aus dem Haus. So sparen Sie Unsummen. Wenn Sie einmal auf den Geschmack gekommen sind, bekommen Sie ganz von selbst andere Ideen, um sparsamer zu sein. Sie entdecken, daß Sie allerlei Gewohnheiten entwickelt haben, die nicht rationell, schlau oder vorteilhaft sind. Sie haben es eben früher zu Hause so gelernt oder bei anderen Kindern gesehen. Auch Reklame beeinflußt uns tagtäglich. Denken Sie an die Zahnbürsten, die Sie im Fernsehen mit einem dicken Streifen Zahnpasta darauf sehen. Wenn Sie das nachahmen, ersticken Sie im Schaum. Nehmen Sie in Zukunft die Hälfte der Menge, die Sie normalerweise nehmen, und beobachten Sie, ob Ihre Zähne auch damit noch sauber werden. Halbieren Sie eventuell noch einmal und noch einmal, so lange, bis es nicht mehr geht. Dann nehmen Sie wieder etwas mehr und haben Ihre Idealmenge herausgefunden. Dieses „Halbierungsprinzip" können Sie bei Waschpulver, Shampoo, Geschirrspülmittel, bei der Häufigkeit des Haarewaschens, beim Einkaufen und auf unzählige andere Sachen anwenden.

Konsumverringerung können Sie auf allerlei Gebieten anwenden: im Haushalt, in der Freizeit, bei Kleidung, im Urlaub, bei der Wohnungseinrichtung, bei der Lektüre. Wenn Sie aufhören, neue Bücher zu kaufen, leihen oder tauschen Sie vielleicht mehr Bücher oder werden Mitglied der Bibliothek. Bei Kleidung zu sparen könnte bedeuten, daß Sie einmal ein Jahr lang nichts kaufen. Entdecken Sie Secondhandgeschäfte oder nähen Sie selbst Kleidung. Die Vorstellung, daß es Ihnen dann schlechter geht, ist falsch. Ich habe in fast allen Fällen, in denen ich mein Verhalten radikal änderte, festgestellt, daß ich mich verbesserte und Neues entdeckte.

Während der letzten Jahre kaufte ich zum Essen gewöhnlich das, was ich zufällig im Geschäft sah und worauf ich Appetit hatte. Während meiner Suchaktionen nach billigen, gesunden, schmackhaften Mahlzeiten habe ich eine Reihe von Gerichten (wieder-)entdeckt. Gemüse wie gekochten Kohlrabi, rohe geriebene rote Bete, gekochte oder rohe geriebene Karotten, Weiß- oder Rotkohlsalat, Sojasprossen, gekochte Zwiebeln (so gut wie unbekannt, aber herrlich mit verschiedenen Kräutern). Gekochte oder gebratene Sellerieknollen kosten pro Person und Mahlzeit 50 Pfennig. Wenn Sie Hülsenfrüchte als Gemüse essen, bezahlen Sie sogar weniger als 50 Pfennig.

Wie wäre es mit getrockneten grünen Erbsen, die Sie eine Nacht einweichen und dann nach Gebrauchsanweisung kochen? Mit gebratenen Zwiebeln und etwas Nudeln mit Currysauce ist das ein sehr schmackhaftes Gericht, das ich nicht mehr missen möchte. Von den Resten bereiten Sie eine Erbsensuppe zu. Kaufen Sie statt Schellfisch und Kabeljau einmal Merlan, einen sehr preiswerten Fisch, der viel zu gut schmeckt, um nur Katzen serviert zu werden. Wir essen ihn in Öl ausgebacken mit einer Soja-Knoblauchsauce zu Reis und gekochter Endivie. Ab und zu probiert man etwas Billigeres aus, und Geschmack, Konsistenz oder Verpackung sagen nicht zu. Suchen Sie dann weiter. Teurer bedeutet nicht zwangsläufig, besser oder schmackhafter zu sein. Das zeigt eine wöchentliche Rubrik in der *Volkskrant* (zweitgrößte Tageszeitung der Niederlande), wobei ein Forum blind Produkte prüft. Die Ergebnisse sind überraschend und komisch, denn über Geschmack kann man nun einmal nicht streiten. Vor einiger Zeit war Mayonnaise an der Reihe. Die teuerste schnitt als schlechteste ab, und die zweitbilligste gewann den Test. Über ein und dasselbe Produkt wurde hintereinander wie folgt geurteilt: Die bleiche, weißliche Sauce schmeckt nach Gummi, die Struktur ist gelatineartig und zu dick, und das Produkt hat einen merkwürdigen Geruch. Ein anderes Jurymitglied fand die Mayonnaise zu klebrig und zu sauer, für Nummer drei hatte sie einen frischen Geschmack und genau die richtige Struktur.

Ein bekannter Weinverkoster wurde einmal in eine Fernsehshow eingeladen, um blind Weine zu testen und den (angeblich) schmackhaften, teuren Wein eines renommierten Hauses von weniger guten, billigeren Weinen zu unterscheiden. Mit absoluter Sicherheit wurde jedesmal genau der verkehrte Wein gewählt. Eine Blamage für den betroffenen Önologen, aber auch interessant für die Zuschauer, denn dies war ein weiterer Beweis für die These, daß ein teures Produkt nicht besser zu sein braucht. Ein weiterer Grund, mit billigeren Produkten, anderen Geschäften und preiswerten Angeboten zu experimentieren.

 Use it up, wear it out, make it do or do without!

Konsumverringerung bis an die Schmerzgrenze sollte für Sie zur Regel werden, und die Ausnahme davon gilt nur für jede Sucht, die Sie loswerden möchten. Dafür müssen Sie die Schmerzgrenze überschreiten, anders geht es nicht. Das Kennzeichen einer Sucht ist ja schließlich, daß man nicht mehr frei ist, daß man von einem Produkt oder einer Handlung abhängig geworden ist. Wenn Sie dies überwinden wollen, müssen Sie sehr motiviert sein, um den zeitlichen „Schmerz" ertragen zu können. Dabei ist es hilfreich, sich ins Gedächtnis zu rufen, daß ein Mensch – abgesehen von einer Menge Emotionen – auch noch Verstand hat. Damit kann man ausrechnen, was die Sucht an Zeit, Geld und Gesundheit kostet und wie sehr man andere damit belästigt. Auf diese Art und Weise ist es mir vor rund zehn Jahren gelungen, mit dem Rauchen aufzuhören, und darüber bin ich noch immer froh. Vor einigen Monaten beschlossen wir, unser Fernsehgerät abzuschaffen, weil wir zu oft schlechte Programme sahen und uns die vergeudete Zeit leid tat. Wir wußten von vornherein, daß es uns schwerfallen würde, haben aber interessanterweise festgestellt, daß uns die Programme eigentlich nicht fehlen. Wir vermissen es eher, vor einem Kasten zu sitzen und uns unterhalten zu lassen. Der Verzicht aufs Fernsehen fällt uns also tatsächlich schwer, und vielleicht revidieren wir diesen Beschluß wieder einmal, wer weiß? Inzwischen werden jedoch die Perioden, in denen wir das Fernsehen nicht vermissen, immer länger, wir haben jede Menge neue Aktivitäten entwickelt, und das ist reiner Gewinn.

Schluß mit dem Wachstum!

Wenn ein Betrieb nicht wächst, dann ist es nicht gut um ihn bestellt, so die herrschende Meinung. Stillstand ist Rückschritt. Laut Wörterbuch bedeutet Stillstand die Unterbrechung bzw. Beendigung einer Entwicklung. Fortschritt und Wachstum sind die großen Anreize, hart zu arbeiten, zu studieren oder sich irgendwo zu bewerben. Wer möchte nicht weiterkommen? Immer höher auf der gesellschaftlichen Leiter klettern? Mehr Personal zu leiten, ein größeres Auto zu fahren, mehr Geld auf dem Konto zu haben, das ist es, was Menschen motiviert, ihr Bestes zu geben. Stellen Sie sich vor, daß die Antriebe unseres grenzenlosen Tatendrangs wegfallen, daß wir nicht mehr arbeiten, als erforderlich ist, um unsere Basisbedürfnisse zu befriedigen.

Zurückzuschalten und nur für Essen, Kleidung und Wohnraum für uns selbst und unsere nächsten Angehörigen zu sorgen – und nicht länger für (überflüssigen) Luxus zu arbeiten –, das erfordert eine enorme Umstellung. Unser ganzes Denken basiert auf der Idee, daß Wachstum unbedingt notwendig ist. Eigentlich ist das auch verständlich; Kinder wachsen, Tiere und Pflanzen ebenso. Wenn ein Kind nicht wächst, sucht man einen Arzt auf, denn dann ist irgend etwas nicht in Ordnung. Wir sind schon nicht mehr zufrieden mit Kühen, die normal wachsen, wir züchten dickere Rinder, die mehr Fleisch liefern, und Pflanzen geben wir Kunstdünger, so daß sie schneller wachsen und mehr Früchte tragen.

Schrumpfen bedeutet ein Wachstum in umgekehrter Richtung. Das ruft die Vorstellung von Kleiner-und-älter-Werden, von Absterben hervor. Der Begriff „Schrumpf-Wirtschaft" wird sich deshalb sicher nicht so schnell einbürgern. Bei Schrumpfen denken wir an Wollpullover, die uns nicht mehr passen. Wir denken an das vor Scham, Schmerz oder Schreck Fast-im-Boden-Versinken. Mit Wachstum assoziieren wir andere Begriffe, Ausdrücke und Gefühle. Wenn wir sagen, daß jemand ordentlich gewachsen ist, sprechen wir meist nicht von seiner Größe, sondern wollen ausdrücken, daß eine Person sich zum Positiven hin verändert. Wachstum enthält ein Versprechen für die Zukunft, es ist positiv konnotiert. Schrumpfen ist Rückschritt und daher negativ. Wir verschenken wachsende Diamanten, die immer wieder für einen größeren getauscht werden können, gegen Zuzahlung natürlich, von einem Schrumpfdiamanten habe ich noch nie gehört. Wenn das Wachstum aufhört und das Schrumpfen noch nicht begonnen hat, erlebt man eine Periode von Ruhe oder Stillstand. Diese Stillstandsphase kommt dem Schrumpfen am nächsten und hat deshalb auch bereits eine negative Bedeutung bekommen. Es ist also sehr schwierig, Schrumpfen, Stillstand und Rückgang positiv zu sehen, es läuft unserem Gefühl absolut zuwider.

Wachstum ist in vielerlei Hinsicht gut und natürlich. Aber auf vielen Gebieten sind wir zu weit gegangen. Dann geht es um eine Form von Wachstum, die nicht mehr gut und nicht mehr zu verantworten ist.

! *Ein Wasserbett kostet jährlich etwa DM 300,– extra an Energie!*

Das Weiterwachsen auf eine krankhafte Art und Weise auf unsere eigenen Kosten, auf Kosten unserer Familie, der Umwelt und der Dritten Welt manifestiert sich in Überkonsum und grenzenloser Verschwendung. Wir arbeiten nicht mehr, um leben zu können, sondern die Arbeit an sich ist unser höchstes Lebensziel geworden. Wir arbeiten, bis wir tot umfallen. Eine große Bank beispielsweise wirbt in einer Anzeige für Sparversicherungen und Leibrenten:

„Wer freut sich nicht auf seine Rente? Endlich können Sie selbst Ihre Zeit einteilen, Schluß mit der täglichen Tretmühle von Arbeiten, Schlafen, Arbeiten."

Eine Tretmühle ist es also, die wir als normale Art des Lebens akzeptieren. Als ob das Leben nicht mit 40 begänne, sondern erst mit 65. Der Preis dafür sind Herzinfarkte, zu hoher Blutdruck, Kinder, die ihren Vater kaum kennen, weil er zu sehr damit beschäftigt ist, Geld zu verdienen, Ehepaare, die nach einer Arbeitswoche von 50, 60

Stunden nicht einmal mehr Energie für Sex aufbringen können. Während die eine Hälfte der Bevölkerung sich abhetzt, langweilt sich die andere Hälfte, hat keine Arbeit und kaum Geld, um es auszugeben. Das müßte man doch besser verteilen können.

Von fünf Tagen, an denen man arbeitet, auf vier, oder von vier auf drei zurückzugehen, könnten sich die meisten finanziell durchaus leisten. Wenn mehr Menschen bereit wären, ein niedrigeres Einkommen zu akzeptieren und weniger zu arbeiten, würden außerdem Arbeitsplätze für andere geschaffen. Zufrieden zu sein mit dem, was man hat, oder mit weniger bzw. kürzerer Arbeitszeit, wird meist als eine seltsame Abweichung angesehen. Es fällt auf, wenn man einmal davon hört. Trotzdem gibt es nicht nur heute Menschen, die anders darüber denken, auch früher war das schon so. Gandhi z.B. schrieb: „Wenn jeder für seinen Lebensunterhalt arbeitete und nicht mehr, gäbe es genug Nahrung und freie Zeit für jeden. (...) Die Menschen werden zweifellos ihre Körper oder ihr Denkvermögen einsetzen, um anderes zu tun, aber das werden Liebeswerke sein, die dem allgemeinen Wohl dienen. Es wird keine Reichen oder Armen geben, keine Höheren, keine Niedrigeren, keine Berührbaren oder Unberührbaren. Dies kann ein unerreichbares Ideal sein, aber deshalb müssen wir nicht aufhören, es anzustreben."

! *Jede Einsparung ist relativ!*

Im 18. Jahrhundert wohnte in Amerika ein Quäker, John Woolman, der in seinem Reisebuch nicht nur von seinen Reisen, sondern auch von den dazwischenliegenden Perioden berichtete. „Bis 1756 war ich mit dem Ein- und Verkauf von Gütern beschäftigt und übte daneben meinen Beruf als Schneider aus. Ungefähr um diese Zeit begann ich, mir Sorgen über den Umfang meines Geschäftes zu machen. Am Anfang verkaufte ich lediglich Garnituren, danach auch Kleidung und Bettwäsche, und schließlich hatte ich ein recht großes Geschäft. Mein Betrieb wurde jedes Jahr größer, und der Weg zu geschäftlichem Erfolg war frei für mich, aber ich fühlte, daß ich mir selbst Einhalt gebieten mußte. (...) Im allgemeinen war es meine Gewohnheit gewesen, nur mit wirklich nützlichen Dingen zu handeln. Waren, die lediglich dem Vergnügen eitler Menschen dienten, verkaufte ich nicht gerne. (...) Ich ließ mein Geschäft zurückgehen und informierte meine Kunden bei sich bietender Gelegenheit über meine Absichten, so daß sie sich überlegen konnten, in welchem Geschäft sie fortan kaufen wollten." John Woolman zog sich danach ganz aus seinem Geschäft zurück, er wurde wieder Schneider und hatte genügend Zeit übrig, um sich um seine Apfelbäume zu kümmern.

Auch in der heutigen Zeit gibt es Ausnahmen, die die Regel bestätigen. Menschen, die ihre gutbezahlten Stellen für etwas ganz anderes aufgeben. Ein Exportmanager macht zusammen mit seiner Frau eine Eisdiele auf, weil ihnen das Spaß macht, und ein leitender Mitarbeiter der niederländischen Zentralbank kündigt seine Stelle, um auf Texel Strandstühle zu vermieten. Mirjam Elias beschreibt in *De Ommezwaai* (Der Umschwung) die Möglichkeiten, den Arbeitsplatz zu wechseln, und widerlegt die pessimistische Auffassung, daß wir Menschen Gefangene der Gegebenheiten sind.

Sie beschreibt Arbeitnehmer, die ihr Los in die eigenen Hände genommen haben. Weniger Sicherheit und geringerer Verdienst werden dabei durch mehr Befriedigung und größere Lebensqualität mehr als wettgemacht. Angst vor Arbeitslosigkeit hält den Großteil der Menschen davon ab, diesen Schritt ins Ungewisse zu wagen. Man weiß, was man hat, aber nicht, was man bekommt. Bis das Maß voll ist.

Daß ich in den letzten Jahren die Entdeckung gemacht habe, daß ich mit sehr wenig Geld auskommen kann, machte für mich den Schritt, meine Stelle in der Drogenhilfe zu kündigen, weniger schwierig. Nachdem ich eine Reihe von Jahren gearbeitet hatte, wurde mir deutlich, daß ich in meinem Team zu wenig Möglichkeiten hatte, mich selbst zu entfalten. Ich schrieb Bewerbungen und studierte noch eine Reihe von Jahren lang, aber ich fand keinen neuen Arbeitsplatz. Manchmal muß man sich erst „scheiden lassen", bevor man eine „neue Liebe" findet. Ich kündigte also, ohne eine neue Stelle zu haben. Durch die Reaktionen von Familie, Freunden und Bekannten wurde mir deutlich, wie ungewöhnlich ein solcher Schritt ist. Man riet mir eindringlich ab, so etwas zu tun, oder man war eifersüchtig, weil ich es wagte, etwas zu tun, was auch andere gerne machen würden. Jetzt, ein gutes Jahr später, habe ich wieder allerlei bezahlte und unbezahlte Beschäftigungen. Ich bedaure nicht, daß ich aufgehört habe.

Wenn Sie sich für ein einfaches, schlichtes Leben entscheiden, genügt ein niedrigeres Einkommen. Das kann auch andere angenehme Folgen haben. Man kann kürzer arbeiten, so daß mehr Zeit für Hobbys oder freiwillige Arbeit bleibt. Man kann eine andere Stelle annehmen, bei der man weniger verdient, die einem aber besser gefällt.

In Familien sind Doppelbelastungen aus finanziellen Gründen nicht immer unbedingt nötig und die Folge freier Entscheidung. Wenn es aufgrund der Art der Arbeit oder des Widerstandes des Arbeitgebers schwierig oder unmöglich ist, in Teilzeit zu arbeiten, läßt sich vielleicht ein Sabbatjahr oder eine arbeitsfreie Periode realisieren. Man spart sechs Jahre lang den Urlaub auf, um im siebten Jahr ganz frei zu sein. Die Kosten bezahlt der Arbeitnehmer selbst (ein Jahr unbezahlter Urlaub), oder sie werden ganz oder zum Großteil vom Arbeitgeber bezahlt.

In Amerika ist so etwas durchaus üblich, und auch in den Niederlanden beginnt es, sich durchzusetzen, unter anderem bei Lehrern. Ein solches Sabbatjahr nennt man auch Auffrischungsjahr, Ruhejahr oder Besinnungsjahr. Danach ist man wieder belastbar und kann der Arbeit wieder neue Seiten abgewinnen.

Von einer Reihe von Menschen, die ein solches Freijahr genommen haben, hörte ich sehr positive Berichte. Außerdem werden durch Teilzeitarbeit und Freijahre Arbeitsplätze für andere geschaffen. Bezahlte Arbeit kann dann auf mehr Menschen verteilt werden. Oder wollen wir etwa nicht für andere Platz machen? Ökonomen haben bereits einen Ausdruck für dieses Verhalten: „Von Hysteresis spricht man in der Wirtschaftswissenschaft, wenn die Insider auf dem Arbeitsmarkt, die eine Stelle haben, Outsidern, d.h. Arbeitslosen, keinen Platz einräumen wollen."

Es ist in jedem Falle gut, wenn Sie einmal überdenken, inwieweit Ihr eigenes Denken von Wachstum bestimmt ist. Ob Sie denken, daß das Leben noch Sinn hätte, wenn Sie beschließen würden, daß es jetzt genug ist, daß Sie genug verdienen. Oder etwas weniger dramatisch: Wenn Sie nicht mehr so unbedingt auf Erfolg aus wären, was würden Sie dann aufgeben, was würden Sie verändern wollen? Vielleicht hören Sie sofort mit einem Abendstudium auf und werden statt dessen Mitglied im Chor oder einer Theatergruppe. Oder Sie hören auf,

Bewerbungen zu schreiben, und beschließen, bei Ihrem heutigen Arbeitgeber zu bleiben, der nicht so viel bezahlt, aber bei dem es Ihnen im Grunde genommen sehr gut gefällt.

Wenn Sie sich weniger von Ihrem Einkommen abhängig machen (oder fühlen) wollen, gibt es auch die Möglichkeit, in eine Stadt oder ein Dorf umzuziehen, wo die Aufstiegschancen vielleicht etwas geringer sind, wo Sie aber angenehmer wohnen. Vielleicht werden andere Vergütungsformen anziehender. Wenn Ihr Arbeitgeber Ihnen aufgrund Ihrer guten Leistungen eine Gehaltserhöhung anbietet, fühlen Sie sich natürlich geschmeichelt. Ein solches Angebot bietet Ihnen die Chance, zu fragen, ob Ihr Gehalt unverändert bleiben kann und Sie dafür vielleicht einige Stunden weniger arbeiten können. Nicht jedem wird dies gelingen. Vielleicht wäre es schon ein Schritt in die richtige Richtung, wenn Sie sich Überstunden statt in Geld in Freizeit ausbezahlen ließen …

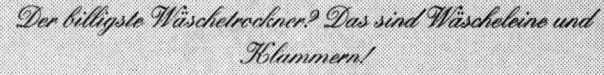

! *Der billigste Wäschetrockner? Das sind Wäscheleine und Klammern!*

Überleben

Bei der Betreuung schwererziehbarer Jugendlicher hat – mit einigem Erfolg – ein Survivaltraining oder der Urlaub an einem unwirtlichen Ort Eingang in die Behandlungsmethoden gefunden. Unter oft rauhen Umständen lernen Jugendliche, für sich selbst zu sorgen. Mit primitiven Mitteln und wenig oder ganz ohne Geld müssen sie irgendwo übernachten, zusehen, daß sie etwas in den Magen bekommen und von einem Ort an den anderen gelangen. Sie lernen, in einer Gruppe, die nicht direkt aus sanften Lämmern besteht, zu überleben. Allerdings gelingt ihnen das nicht alleine, daher sind Zusammenarbeit und Verhandlungen erforderlich. Abgesehen von purem Eigennutz zählt also noch das Gruppeninteresse. Diese Erfahrungen stehen in absolutem Gegensatz zum „normalen" Leben, das diese Jugendlichen als Anfänger-Kriminelle oder Drogensüchtige in der Großstadt führen.

Abenteuerurlaub, der mit einem bestimmten Risiko verbunden ist und wenig Luxus bietet, hat sich auch für andere Zielgruppen als interessant erwiesen: für Geschäftsleute, die beruflich viel reisen müssen und einmal etwas ganz anderes wollen, für Yuppies, die schon überall gewesen sind und die das soundsovielte Hotel mit Schwimmbad und Aussicht aufs Meer langweilt.

Fernwandern, Trekking in den Bergen, auf dem Kamel durch die Wüste ziehen oder „zusammen den Spuren der Wölfe zu folgen" sind unter Leitung mehr oder weniger fähiger Begleiter möglich. Jedes Reisebüro, das etwas auf sich hält, hat heutzutage solche besonderen Reisen im Angebot. Der Reiz dieser Reisen liegt darin, daß das Selbstverständliche einmal durchbrochen wird. Statt routinemäßiger Abläufe werden von den Teilnehmern Ausdauer, Schlauheit und Instinkt gefordert. Im modernen Versorgungsstaat wird davon zuwenig Gebrauch gemacht. Hier muß niemand Hunger und Durst leiden, und trotzdem begeben wir uns – absolut freiwillig – in Situationen, in denen wir großen Entbehrungen ausgesetzt sind. So können wir uns beweisen, zeigen, daß wir Ausdauer haben und durchhalten. Die Risiken sind durchaus nicht imaginär. Ab und zu rutscht jemand vom Berg ab, erfriert oder ertrinkt. Dieses Wissen hält offensichtlich nicht von der Teilnahme ab, sondern macht das Ganze extra spannend. Sie brauchen nicht unbedingt einer Randgruppe anzugehören, um einen solchen Urlaub zu machen, der Unterschied liegt darin, daß Sie selbst dafür bezahlen müssen. Das ist nicht gerade preiswert, was man eigentlich erwarten könnte von einer Reise, auf der ab und zu Brennesseln auf der Speisekarte stehen und auf der schon mal im Freien übernachtet wird.

Abgesehen von der Spannung, den neuen Erfahrungen und dem Abenteuer lernt man sich selbst und andere besser kennen, und davon kann man im täglichen Leben profitieren. Je nach Persönlichkeit werden die Erfahrungen unterschiedlich sein, es gibt jedoch eine Reihe allgemeiner Kennzeichen: Zu lernen, daß man mit sehr wenig auskommen kann, daß man sehr kreativ sein kann, daß man etwas reparieren kann, das kaputt ist, und daß man auch ohne vollen Geldbeutel und ohne Geschäfte in der Nähe essen und trinken kann. Viele Menschen bekommen mehr Vertrauen in ihr eigenes Können. Zu wissen, daß man sich in ausgesprochen schwierigen Umständen zu helfen weiß, schenkt Vertrauen für die Zukunft.

! *Wenn Sie etwas putzen, verschmutzen Sie auch etwas!*

Trotz der positiven Erfahrungen hat längst nicht jeder Lust auf eine solche Survivaltour. Der eine findet es zu gefährlich und bekommt schon beim bloßen Gedanken daran Angst, ein anderer findet sie zu teuer und kann oder will sie nicht bezahlen, der nächste liegt lieber faul am Stand und läßt sich nach einem Jahr harter Arbeit in Hotels und Restaurants nach Herzenslust verwöhnen.

Es ist auch nicht nötig, daß jeder von uns eine solch intensive Erfahrung selbst macht. Mit etwas Phantasie und Büchern aus der Bibliothek, vielleicht ergänzt um eine Campingtour im eigenen Land kommen wir auch ein ganzes Stück weit. Außerdem können wir die

Erfahrungen von Menschen nutzen, die wohl solche Touren gemacht haben. Es geht letztendlich darum, daß wir uns so verhalten, als ob wir eine Toperfahrung im Überlebenstraining hinter uns hätten und jetzt davon profitieren könnten. So können wir in Gedanken die extremsten Situationen erleben, den Helden oder die Heldin spielen, uns gegenüber den Elementen, unheimlichen Krankheiten und gruseligen Tieren behaupten. Im Vergleich damit sind drei reale Monate in Norwegen übrigens ein schwacher Abklatsch, denn unsere Phantasie kennt im tatsächlichen und im übertragenen Sinne keine Grenzen.

Wir holen also zuerst einen Stapel Bücher aus der Bibliothek, wie zum Beispiel *Überleben in der Natur, Abenteuerliche Reisen* und *Das Große S.A.S. Survivalhandbuch,* sodann noch einige spannende Reiseerzählungen. Sie kommen ganz von selbst auf den Gedanken, Ihr Leben zu ändern, wenn Sie solche Bücher lesen. Dem Wasser zum Beispiel wird viel Aufmerksamkeit gewidmet, da wir nur sehr kurze Zeit ohne Wasser auskommen können. Es ist wichtiger und dringender als Essen. Unser Trinkwasser kommt einfach aus dem Hahn, und dabei bleibt es auch. Aber vielleicht wäre es eine Idee, für andere Zwecke in Zukunft das Regenwasser vom Dach in einer Regentonne aufzufangen. Damit haben Sie Wasser, das gut für die Pflanzen ist und mit dem Sie Ihre Toilette spülen oder die Treppe schrubben können.

Das Kapitel über eßbare Pflanzen bringt Sie vielleicht auf die Idee, im Herbst eßbare Kastanien zu suchen und im Frühjahr Brennesseln für Suppe, Salate und Eintöpfe. Wenn Sie die Überlebenslektüre studiert und mit selbstgesuchten (Un)Kräutern, Kastanien und Beeren (auch darüber gibt es Bücher) experimentiert haben, ist es Zeit für den nächsten Schritt: Wir zelten ein Wochenende oder etwas länger. Wer keine Zeltausrüstung hat, leiht sie bei Freunden, und auch das Mieten einer solchen Ausrüstung gehört zu den erlaubten Möglichkeiten. Tagsüber wandern wir mit Sack und Pack von einem Ort zum nächsten und lernen dabei (gezwungenermaßen) sehr schnell, daß man mit sehr wenig auskommen kann. Sich selbst, die Haare und die Kleidung waschen und das Geschirr spülen kann man mit einer kleinen Flasche Flüssigseife aus dem Campinggeschäft oder einer Miniflasche normalen Shampoos. Wenn man alles den ganzen Tag lang auf dem Rücken mit sich schleppen muß, achtet man gut darauf, was alles wiegt. Es lohnt sich, vor Beginn mit der Briefwaage Kleidungsstücke zu wiegen und sie miteinander zu vergleichen. Die eine Unterhose wiegt 35 Gramm, die andere nur 20 Gramm. Ein leicht beleibter Camper erzählte uns, daß er im Interesse seines eigenen Gewichts und der Last auf seinem Rücken Süßstoff statt Zucker mitnimmt und die Margarine ganz zu Hause läßt. Brot schmeckt mit Wurst, Käse oder Obst genauso gut. Auf seiner letzten Reise (zu Fuß von Kopenhagen an die Adria), die 105 Tage dauerte, gelang es ihm, 70 Tage gratis bei Bauern oder „wild" zu zelten. Es reicht aus, zur Abwechslung einmal einen Campingplatz zu besuchen, um zu duschen. Ansonsten schwimmt man unterwegs in Flüssen und Seen, um den Schweiß abzuspülen. Wasser kann man bei Bauern oder auf dem Friedhof holen (dort gibt es immer Wasserhähne), kochen und essen kann man zur Not direkt in und aus der Dose. Schon von dieser Reiseerfahrung können Sie eine Menge lernen. Manche Produkte sind überflüssig oder können ersetzt werden (Zucker und Margarine). Viel mehr, als Sie sich hätten träumen lassen, ist (gratis) möglich (Zelten außerhalb des Campingplatzes und Schwimmen außerhalb des Schwimmbades). Außerdem bekommt der Urlaub mehr Qualität durch die Dinge, die gratis möglich sind, und man hat mehr Abwechslung, denn ein Campingplatz wird schnell eintönig. Kontakt zur örtlichen Bevölkerung ist intensiver während des Zeltens beim Bauern oder bei jemandem im Garten.

In einem solchen Urlaub erfährt man auch, daß Einfach-Leben und Sich-Behelfen sehr angenehm sein kann. Warum sollten wir eine solche Erfahrung nicht öfter im täglichen Leben anwenden? Während eines regnerischen Tages gemütlich im Zelt mit einem Buch im Schlafsack zu liegen ist herrlich. So kommt man endlich ganz und gar zur Ruhe. Zu Hause kann man das ausgezeichnet nachahmen, wenn man sich an einem grauen Sonntagmittag ins Bett legt. Lassen Sie sich nicht durch die Vorstellung abhalten, daß Sie Besuch bekommen könnten und daß „es sich nicht gehört", im Bett zu liegen, ohne krank zu sein.

Manche Zeltplätze haben lediglich kaltes Wasser, und Duschen fällt dann zunächst schwer und läßt einen nach Luft schnappen. Danach prickelt der ganze Körper, und man fühlt sich phantastisch. Warum können Sie das nicht während des Sommers zu Hause auch durchhalten?

Ich habe festgestellt, daß diese Überlebensstrategie sich auch auf andere Gebiete auswirkt.

! *Aufgeschoben ist aufgehoben!*

Ein Beispiel: Die *Vrekkenkrant* wurde eingeladen, bei einer großen Kundgebung für Jugendliche in Amsterdam mit einem Stand teilzunehmen. Ich ging alleine hin, aber ich hatte Probleme mit all dem Material, das ich mitnehmen mußte. Gute 18 Kilo Drucksachen, Lampen, Leitungen usw. Ich hätte zweimal ein Taxi nehmen können, von meinem Haus zum Bahnhof und vom Bahnhof zur Kundgebung, aber das war teuer. Ich wollte auch niemanden bitten, mich – nur wegen des Transports – zu begleiten. Bei einer Wanderung trage ich zehn Kilo, manchmal auch mehr, wenn wir gerade Wasser geholt und Einkäufe getätigt haben. Jetzt ging es um eine Fracht von 18 Kilo. Ich nahm den größten Rucksack, überlegte mir gut, was unverzichtbar war und was überflüssig, und ging weg mit einem Rucksack von 15 Kilo und dem Rest in einer Tasche. Das war zwar schwer, aber es ging. Im Interesse der Bodenhaftung erschien es mir besser, meine Schuhe mit hohen Absätzen gegen bequeme Schuhe ohne Absätze zu tauschen.

Ich hatte ein gutes Gefühl, weil ich mir selbst zu helfen wußte und nicht wegen eines Autos auf jemand anderen angewiesen war. Auf eventuelle Fragen und lästige Blicke bereitete ich mich seelisch dadurch vor, daß ich so tat, als ob ich für meine nächste Expedition in Nepal übte, die mich in ein so gefährliches und unzugängliches Gebiet führen würde, daß Träger nicht bereit waren, dorthin mitzugehen.

! *Werfen Sie sofort D.M 8.– aus dem Fenster, statt für D.M 20.– ein Lotterielos zu kaufen. So sparen Sie 12 Mark!*

Überfluß und Kreativität

Sparen kann jeder. Ob man die Holzhammermethode wählt oder eher selektiv vorgeht – es geht darum, daß man mit weniger auskommt, und das ist nicht so schwierig. Oft jedoch ruft dies Gefühle von Einschränkung oder Armut hervor. Bevor man es merkt, hat man die Sparmaßnahmen aus Selbstmitleid oder durch eine spontane Anschaffung wieder zunichte gemacht. Versuchen Sie also nicht, einfach nur so einzusparen, sondern packen Sie es kreativ an. Dadurch wird Sparen zu einer angenehmen Beschäftigung, und die Ergebnisse werden spektakulär sein. Kreativ sparen, wie geht das? Was ist Kreativität eigentlich? Und ist sie nicht Künstlern vorbehalten? Bevor wir diese Fragen beantworten können, müssen wir erst etwas anderes behandeln: den Überfluß.

Am Königinnentag (Geburtstag der niederländischen Königin und damit Feiertag) stehen Kinder auf den traditionellen Krammärkten hinter imposanten Bergen von Spielsachen, die sie zu Spottpreisen verkaufen. Am nächsten Krammarkt werden die Dinosaurier an der Reihe sein, deren Platz inzwischen von Aladin oder den Thunderbirds eingenommen wurde. Die meisten Kinder können sich nicht vorstellen, daß dieser Überfluß an Spielsachen nicht normal ist. Abgesehen davon können sie täglich aus einem enormen Angebot an Fernsehprogrammen, Videofilmen und Computerspielen auswählen. Ein Spaziergang im Wald ist viel zu langweilig, der Besuch eines Vergnügungsparks wird ab und zu gnädig akzeptiert, ... wenn es um Disneyworld bei Paris geht. Überfluß und als Folge davon Überstimulierung läßt eigener Kreativität wenig Raum. Moderne Kinder sind nicht zu beneiden, denn eigentlich weiß jeder, daß es viel mehr Spaß macht, sich selbst etwas auszudenken und damit zu spielen. Das hat mit Entdeckungen zu tun, mit neuen Dingen, Abenteuer, Spannung und echter Zufriedenheit.

„Glauben Sie vielleicht, daß ich die Krisenjahre zurückhaben will", rief ein erregter Zuhörer während einer unserer Vorträge. Natürlich wollen wir das nicht, aber aus den Erfahrungen jener Zeit könnten wir viel lernen. In den Krisenjahren hatten Kinder wenige oder gar keine gekauften Spielsachen, und sie langweilten sich nie. Meiner Meinung nach ist das eine wichtige Erfahrung. In jener Zeit benutzten die Menschen ihre Phantasie und ihren Einfallsreichtum; sie hatten auch keine andere Wahl, denn ansonsten gab es überhaupt keine Spielsachen (und viele andere wichtigere Dinge).

Während ich in den fünfziger Jahren aufwuchs, war das größtenteils auch noch so. Wir spielten mit den in der Mitte durchgerissenen Vorderseiten von Zigarettenschachteln, ich war stundenlang damit beschäftigt, aus einem alten Schlüssel, Faden und gehamsterten Streichholzköpfen einen Feuerwerkskörper zu basteln. Mein Großvater brachte mir bei, aus Bambus, Faden, Stärke und Papier einen Drachen zu bauen. Ich habe mich kaum je gelangweilt.

Trotzdem sollten wir Langeweile nicht nur negativ sehen, ganz besonders in der heutigen Zeit. Oft ist Langeweile ein guter Anfang, um wieder kreativer zu werden. Das wurde mir klar, kurz nachdem wir unseren Fernseher abgeschafft hatten. Ich lief verzweifelt durchs Haus, der Abend wollte nicht herumgehen. Was mich auf den Beinen hielt, war die Vorstellung, daß ich durch diese Tat die Zeit von neun vollen Arbeitswochen pro Jahr gewonnen hatte. Ich hatte bloß keine Ahnung, was ich mit dieser Zeit anfangen sollte. Ich wußte nicht, daß ich, obwohl ich täglich höchstens eine Stunde fernsah, total süchtig nach diesem Gerät war. Inzwischen begreife ich, daß ich den Fernseher dazu benutzte, auszuruhen, mich abzureagieren, mich unterhalten oder aufregen zu lassen. Und das mußte ich jetzt selbst tun. Die künstlich hervorgerufene Langeweile war erforderlich, um mir dessen bewußt zu werden und vor allem auch, um den freien Stunden eine sinnvollere und angenehmere Bestimmung zu geben. Ich lege mich jetzt zum Beispiel eine halbe Stunde hin, wenn ich müde bin; ich suche noch immer Erregung oder Entspannung, aber dazu drücke ich nicht mehr auf einen Knopf. Leere ist eine Voraussetzung, um Kreativität zu entwickeln. Unser Herrgott hat auch mit leeren Händen begonnen. Man muß Freiraum haben, um zu einer „Schöpfung" gelangen zu können.

Genau wie bei meiner Erfahrung mit dem Fernsehgerät ist das oft unangenehm. Schriftsteller und Zeichner sehen ein weißes Blatt vor sich liegen und fragen sich verzweifelt: „Wie fange ich an?" Trotzdem weiß jeder Künstler, daß er da „durch" muß. Wenn man sich der Konfrontation mit der Leere nicht stellt, erreicht man nichts. Mit uns gewöhnlichen Sterblichen ist es nicht anders. Um etwas schaffen zu können, etwas „errichten" zu können, werden wir uns der Leere, dem Raum, stellen müssen.

In einer Überflußsituation muß man diese Situation künstlich erzeugen, in den Krisenjahren war das nicht nötig. Darum gibt es in solchen Zeiten soviel Kreativität, genauso wie bei vielen Menschen, die von einer Unterstützung leben müssen.

Zwischen den Briefen, die wir für die *Vrekkenkrant* erhalten, finden sich oft bemerkenswerte Zuschriften von Menschen, die von einer Unterstützung oder der Beihilfe leben. Eine Frau aus Utrecht schrieb folgendes: Eine alte und definitiv Zeit und Geld sparende Idee, die ich schon lange mit mir herumtrug, ist endlich verwirklicht:

„Ich suche eine Putzfrau für ein paar Stunden wöchentlich. Ich kann mir das zwar nicht leisten, aber im Tausch für ihre/seine Arbeit putze ich in der gleichen Zeit ihr/sein Haus blitzblank." Weiter erklärt die Frau: „Zusammen mit der *Vereinigung Frauen mit Sozialhilfe* realisierten wir diese Idee in einem Gratishaushaltshilfe-Pool. Über eine zentrale Telefonnummer werden Anbieter und Nachfrager von Haushaltsarbeit miteinander in Kontakt gebracht." Eine einfache und effektive Manier, die aus einer Situation heraus entstand, die eine Putzfrau eigentlich gar nicht gestattete. „Aber auch arme oder sparsame Leute müssen ihr Haus sauberhalten, und bei anderen tut man das viel schneller und mit mehr Freude als zu Hause. Auf diese Art und Weise hat man mehr freie Zeit, um andere interessantere Dinge zu tun. Und dann kann man endlich auch ganz beiläufig sagen: ‚Heute ist meine Putzfrau da'." Diese Austauschidee kann man einfach auf Babysitting, Essenkochen und Einfrieren, kleine Arbeiten im Haus, Einkaufen, Gartenarbeiten etc. ausweiten.

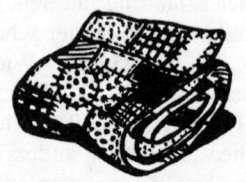

Menschen, die das Glück haben, nicht zur Sparsamkeit gezwungen zu sein, müssen sich also künstlich „aufs Trockene" setzen, um wieder mehr Raum für eigene Kreativität zu bekommen. Wenn Sie das bei sich selbst noch nicht fertigbringen, können Sie bei Ihren eigenen oder anderen Kindern üben. Unternehmen Sie einmal einen Nachmittag lang etwas, ohne Geld mitzunehmen. Gehen Sie aus, und schauen Sie, was passiert. Etwas zu essen und trinken sollten Sie allerdings mitnehmen. Bestimmt werden Sie einen außergewöhnlichen Nachmittag erleben. Und Ihre Hemmungen? Die müssen Sie einfach überwinden. Als unsere Kinder zwischen sechs und acht Jahren alt waren, gefiel uns die Idee, mit einem Ziehwagen mit Zeltausrüstung in einer Woche via allerlei schöner Fleckchen von Den Haag nach Amsterdam zu laufen, anfänglich auch absolut nicht. Gerade dieser Urlaub aber war einer unserer schönsten, und wir alle erinnern uns noch gut daran. Wenn Sie es sich zutrauen, können Sie „klein" anfangen, indem Sie einen Tag lang nichts kaufen, Ihre Vorräte nicht angreifen und versuchen, trotzdem ein schmackhaftes Essen zu ergattern.

Und dann tritt gleich das zweite Problem auf: Oft glauben wir absolut nicht an unsere eigene Kreativität oder sind zu unsicher. Das ist vollkommen unnötig. Wenn wir mit gesundem Menschenverstand unsere Umgebung beobachten, merken wir, daß jeder von Kindesbeinen an fast ununterbrochen kreativ tätig ist. Denn was ist Kreativität anderes als das Lösen von Problemen?

Ein Kind in der Wiege, das einen Schnuller in den Mund nehmen möchte, löst ganz alleine ein enormes Problem. Tastend sucht es nach dem Ding und bewegt seinen Arm so lange, bis es in seinem Mund angekommen ist. Und zur Belohnung sabbelt es zufrieden daran.

In dieser Handlung sind alle Elemente der Kreativität zu erkennen. Erst gibt es ein Problem, man möchte etwas erreichen, weiß aber nicht wie. Dann konzentriert man sich auf das Problem, und über einen Prozeß von „trial and error" erreicht man endlich die zufriedenstellende Lösung. Das ist Kreativität, nicht mehr und nicht weniger. Aber da wir Erwachsene sind und uns schon sehr viel abgewöhnt haben, möchten wir dies noch einmal verdeutlichen.

Von Natur aus ist jeder kreativ, obwohl wir das oft vergessen. Es ist gut, sich dies deutlich zu machen, sich selbst als eine Person mit besonders gut entwickeltem Problemlösungsvermögen zu sehen. Wenn Sie so über sich selbst denken, haben Sie schon viel gewonnen. Es gibt verschiedene Methoden, dies zu erreichen. Seit Jahren spreche ich beschwörend auf mein kreatives „Organ" ein (fragen Sie mich nicht, wo es sich genau befindet, das ist nicht so wichtig), wenn ich eine Frage oder ein Problem habe. Ich sage dann so ungefähr: „Liebes kreatives Organ, ich grüße dich und möchte dich bitten, wieder einmal ein Problem für mich zu lösen (es folgt eine deutliche Beschreibung des Problems). Ich weiß, daß du das kannst, ich habe volles Vertrauen in dich. Es wird dir sicher gelingen, eine besondere Lösung zu finden. Wenn du fertig bist, meldest du dich." Es klappt nicht immer, aber meist bekomme ich innerhalb einer Stunde bis zu einigen Tagen eine gute Idee. Vergessen Sie nicht, Ihrem kreativen Organ danach ausführlich zu danken, auf diesem Gebiet ist es sehr empfindlich. Wahrscheinlich könnte man hierauf eine ganze Theorie aufbauen. Aber man kann auch sagen: Frage nicht, wie es funktioniert, profitiere einfach davon. Aber auch damit sind Sie noch nicht zum Kern der Sache durchgedrungen.

Vertrauen und Leere sind nötig, aber nicht ausreichend. Es muß etwas getan werden. Sie brauchen sich keine Sorgen über die Lösung zu machen, die kommt schon. Aber Sie werden dem Problem selbst Zeit und konzentrierte Aufmerksamkeit widmen müssen. Betrachten Sie es von allen Seiten, ergründen Sie alles, was damit zusammenhängt. In vielen Fällen können Sie diese Problemergründung gut mit einfachen Sachen kombinieren. Sorgen Sie dafür, daß Sie nicht allzuviel abgelenkt werden. Schalten Sie Fernseher und Radio aus. Farbe-Abkratzen, Rasenmähen oder Spazierengehen sind Dinge, bei denen man sich ausgezeichnet konzentrieren kann. Oft kommt die Lösung dann schnell ganz von selbst, je nachdem, wie groß das Problem ist. Und wenn Sie die Lösung nicht gleich finden, legen Sie das Problem erst einmal in Ihrem „mentalen Computer" ab. Wenn Ihnen die Lösung eingefallen ist, können Sie sie weiter ausarbeiten. Denn Ihr kreatives Organ gibt Ihnen nur den Grundriß vor, der Rest ist Ihre Arbeit.

Brainstorming ist eine weitere Methode, Kreativität zu stimulieren. Entwickeln Sie zusammen mit einigen anderen Menschen soviel Ideen wie möglich, die mit dem Problem zusammenhängen. Suchen Sie sich die richtigen Menschen dafür, die ebenfalls an dem Problem interessiert sind und die wirklich mitdenken wollen. Tun Sie dies während einer festgesetzten Zeit und schreiben Sie nichts auf, lassen Sie die Treffen angenehm verlaufen. Die guten Ideen bleiben hängen, und die anderen geraten von selbst in Vergessenheit. Stimulieren Sie einander dadurch, daß Sie möglichst viele Ideen erörtern. Es macht nichts aus, wie ausgefallen oder unmöglich sie auf den ersten Blick zu sein scheinen. Schneiden Sie den Ideenstrom eines anderen nicht ab. Meiden Sie Menschen, die alles besser wissen oder oft negativ auf Ihre Ideen reagieren, die sollen mit jemand anderem „brainstormen".

Das Ausarbeiten von Ideen kostet etwas mehr Zeit und Energie. Aber auch hier gilt: Übung macht den Meister. Sobald Sie wieder von Ihren eigenen Fähigkeiten – die Sie immer hatten, Sie haben sie lediglich etwas vernachlässigt – überzeugt sind, wird es Ihnen immer mehr Befriedigung schenken, regelmäßig zu üben. Und das ist gut so, denn Sparsamkeit ohne Kreativität ist tatsächlich gleichbedeutend mit Armut und Versauern. Wenn Sie Ihren Einfallsreichtum nicht einschalten, bedeutet Sparsamkeit, daß Sie mit weniger oder nichts vorliebnehmen müssen. Durch die Kombination mit Kreativität werden Sie weniger Geld ausgeben und vielleicht sogar entdecken, daß der Überfluß größer ist, als Sie dachten.

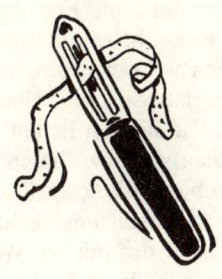

Das Maximum für Ihr Geld!

Im November 1991 beschlossen mein Mann und ich, sparsamer zu leben. Unser Leben war bis dahin recht oberflächlich verlaufen. Wir gingen regelmäßig in Restaurants, machten lange und kürzere Urlaubsreisen, kauften neue Kleider usw. Wir konnten uns alles, was wir haben wollten, ohne Probleme leisten. Wenn wir in der Buchhandlung ein interessantes Buch sahen, kauften wir es. Wenn wir Lust auf etwas Süßes hatten, bestellten wir Tee oder Kaffee mit Kuchen. Wir lebten zwar nicht über unsere Verhältnisse, aber gaben entsetzlich viel Geld aus … In Zeitungen und Umweltzeitschriften hatten wir seit Jahren Artikel über Umweltkatastrophen gelesen, wie zum Beispiel das Ozonloch, den Treibhauseffekt, die Erschöpfung der Rohstoffe etc. Um diese Probleme zu lösen, beherzigte man vornehmlich das Einschränken der schädlichen Verpackungen, das getrennte Einsammeln von Abfall und die Energieeinsparung. Übrigens alles Unterfangen, bei denen wir in unserer Familie seit Jahren „brav" mitmachten.

Auch kritische Stimmen waren zu hören von Menschen, die sich nicht auf die Umweltproblematik beschränkten, sondern die Verteilung des Wohlstands in der Welt ungerecht fanden. Sie waren der Meinung, daß die Bewohner des reichen Westens ihren Energieverbrauch und ihren Konsum zugunsten der Bevölkerung in den ärmeren Ländern einschränken müßten. Aber irgendwie waren die Artikel, Berichte und Zahlen weit von uns weg, ich jedenfalls bezog sie nicht auf mich selbst. Ab und zu stellte ich mir vor, wie die Welt später einmal aussehen würde: die Amerikaner würden im 3-Liter-Auto statt in großen Schlitten umherfahren, Benzin wäre nur auf Bezugsschein erhältlich, Flugreisen würden zu Urlaubszwecken gänzlich verboten. Und wie weit würde ich mich selbst, freiwillig oder gezwungenermaßen, einschränken können? Würde mir das leichtfallen, oder würde es eine Katastrophe für mich sein? Wenn ich zum Beispiel sehr sparsam leben würde, wieviel Prozent meines Einkommens würden mir dann bleiben? Und was würde ich mit dem übriggebliebenen Geld tun?

Auf der anderen Seite hatte ich eigentlich nicht viel Lust dazu. Warum sollte ich sparsam leben, während alle anderen vergnügt weiter ihr Geld ausgaben? Warum sollte ich radeln, während alle anderen mit dem Auto fuhren? Sollte ich etwas reparieren, während der Rest neu kaufte? Nein, das schien mir keine verlockende Idee. Außerdem spendete ich ja jedes Jahr einen ordentlichen Betrag an die Umweltbewegung und für Projekte in der Dritten Welt, ohne daß ich dafür etwas in meinem Leben ändern mußte.

Diese „interne Diskussion" ging weiter bis zu dem Zeitpunkt, an dem ich mir darüber klar wurde, wie es zur Minderung des Abfallproblems gekommen war. Auch damals begann ein kleines Grüppchen zuerst, gegen den Strom zu schwimmen. Ein paar Hausfrauen und kleinere Umweltgruppierungen setzten sich für Glas- und Papiercontainer ein. Und jetzt, einige Jahre später, ist es absolut selbstverständlich, daß so viel Müll wie möglich getrennt eingesammelt wird. Gemeinden, Abfallverarbeitungsbetriebe und die Industrie recyceln um die Wette, inzwischen setzt dieser Industriezweig Hunderte von Millionen um. Früher dachten wir noch, daß es schon ein Erfolg sein würde, wenn Abfall erneut als Rohstoff gebraucht würde, und das Verbrennen, Ableiten und Wegwerfen soweit möglich verhindert oder beendet würde.

> **!** *Es ist nicht ökonomisch, früh ins Bett zu gehen, um Energie zu sparen, wenn das Resultat Zwillinge sind!*

Inzwischen wissen wir, daß das nicht genug ist. Auch der Konsum muß „angegangen" werden. Das ist eine unangenehme Nachricht, die Visionen von Kälte, Armut und Rückschritt hervorruft.

Nach all diesen Überlegungen entschied ich mich schließlich dafür, sparsamer zu leben und von gewissen Gewohnheiten Abschied zu nehmen. Weil mir das Luxusleben nicht mehr wirklich gefiel, erwartete ich, daß das nicht so furchtbar schwierig sein würde. Meine Eltern hatten früher nicht viel Geld, und ich selbst mußte, als ich von zu Hause wegging und auch während der ersten Ehejahre, jeden Pfennig zweimal umdrehen. Ich erinnerte mich an die angenehmen Seiten des Daseins ohne allzuviel Geld. Leere Flaschen aufbewahren und Rabattmarken für das Monatsende sparen und stolz sein, daß man es wieder einmal geschafft hatte. Erst einmal eine Runde über den ganzen Markt drehen, um das billigste Obst und Gemüse zu finden. Stolz sein, wenn es gelungen war, aus beinahe nichts ein schmackhaftes Essen zu kochen. Wenn ich sparsamer leben würde, könnte ich auch die angenehmen Seiten dieser Lebensweise wieder genießen. Ich sah es als eine Art Sport, als Herausforderung, dafür zu sorgen, daß das Leben jedenfalls nicht weniger angenehm sein würde.

Jetzt, nach gut zwei Jahren, wissen wir, daß das möglich ist, und wir haben festgestellt, daß wir mehr lachen als vorher. Wir können über uns selbst lachen, und wir haben erfahren, daß sparsames Leben auf vielerlei Gebieten Gewinn bringt.

Abgesehen von mehr Geld haben wir jetzt auch mehr Abwechslung, entwickeln mehr Kreativität und sind zufriedener. Im Laufe der Zeit entwickelten wir andere Denkweisen, die uns stimulierten, weiterzumachen. Es stellte sich heraus, daß unsere Vorstellungen von Sparsamkeit nicht zutrafen, so daß wir sie jetzt mit anderen Augen sehen.

Das Geld liegt auf der Straße!

Manche Ideen sind witzig und sehr überraschend. Viele Menschen denken, daß ein Geizkragen nur wenig von den guten Dingen des Lebens mitbekommt. Das sehen wir inzwischen anders. Geizkragen streben einfach nach dem Gegenwert für ihr Geld und dem größtmöglichen Nutzen davon. Am Beispiel des Brotessens ist das gut zu erläutern. Ausgangspunkt ist, daß wir kein einziges Stück Brot weniger essen, aber absolut keines mehr wegwerfen, wir suchen schmackhafte Rezepte für das Verarbeiten von Brotresten, die ansonsten auf dem Komposthaufen landen würden. Wir wissen, wie man altes Brot aufbewahren kann (getrocknet in der Sonne oder auf einem Tellerchen auf dem Heizkörper, bleibt es in einer verschlossenen Dose ein Jahr lang genießbar) und wie man Paniermehl davon macht. In alten Kochbüchern fand ich Rezepte für Brotkuchen, arme Ritter und geröstete Brotscheiben. In neueren Kochbüchern findet man Rezepte für Toasts und Pizza.

Bäcker und Reformhäuser haben manchmal Brot übrig, das man am nächsten Tag billiger oder für den halben Preis kaufen kann. Da wir nicht gerne frisches Brot essen (man braucht mehr davon, und es macht dick), ist das ein ordentlicher Sparposten. Die Niederländer werfen pro Kopf jedes Jahr etwa sieben ganze Brote weg (zusammen 100 Millionen Brote), da ist also noch Missionarsarbeit zu verrichten. Auch bei uns war das Wegwerfen von hart gewordenem oder verschimmeltem Brot eine Gewohnheit geworden. So weit lassen wir es jetzt nicht mehr kommen.

Recht schnell entdeckte ich, welche anderen Sachen ich, ohne nachzudenken, wegwarf. Von einem Lippenstift wirft man normalerweise ungefähr ein Drittel weg, wenn er zu Ende ist, denn das letzte Stückchen sitzt in der Hülse. Mit einem Wattestäbchen oder einem Lippenpinsel kann man aber alles herausbekommen und es auf die Lippen auftragen. Von einem teuren Stift von 30 Mark wirft man ansonsten zehn Mark einfach weg.

Eine Laufmasche in der Strumpfhose? Kaufen Sie in Zukunft mehrere Paare der gleichen Sorte. Schneiden Sie den kaputten Strumpf ab und warten Sie, bis das nächste Paar eine Laufmasche hat. Dann schneiden Sie den Strumpf ebenfalls ab: Zwei kaputte Strumpfhosen ergeben eine ganze.

Zum gleichen Sparposten gehören Tuben, die aufgeschnitten werden und noch tagelang Zahnpasta und Creme liefern; Flaschen, die ausgekratzt werden, und „leere" Flaschen von Spülmittel oder Shampoo, deren Inhalt, mit etwas Wasser verdünnt, noch für eine Zeitlang reicht; das Butterpapier, das im Kühlschrank aufbewahrt wird, um die Kuchenform damit einzufetten. Jeder kann im eigenen Haus feststellen, wo die Einsparmöglichkeiten liegen, wenn er soviel wie möglich von seinem Geld haben will.

Ein anderes Hilfsmittel ist, sich klarzumachen, daß es Ihr gutes Recht ist, sich Dinge anzueignen, die ansonsten weggeworfen würden. Wir haben nicht die Absicht, Sie zum Diebstahl zu ermutigen, eher sollten Sie es als Ansporn zu guten Taten auffassen. Ehemalige Pfadfinder fühlen sich dadurch sicher angesprochen. Im chinesischen Restaurant oder in der Pizzeria bitten Sie darum, das übriggebliebene Essen (das Sie selbst bezahlt haben) einzupacken. Dafür brauchen Sie sich nicht zu schämen, es ist ein Kompliment für den Koch oder die Köchin! Zu Anfang fiel mir das sehr schwer, jetzt nicht mehr. Am nächsten Tag genieße ich das Essen, das ansonsten im Abfalleimer verschwunden wäre.

Zuckersäckchen und Kaffeesahne wandern in meine Handtasche und im Zug liegengelassene Zeitungen dienen mir als Gratislektüre. Dutzende von Butterbroten und Teilchen habe ich persönlich vor dem Abfalleimer gerettet, indem ich sie nach einem Studientag oder einer Personalfeier mit nach Hause genommen habe. Achten Sie einmal darauf, wie viele Menschen immer bedauernd feststellen, daß das schade ist, daß es am nächsten Tag nicht mehr schmeckt, wenn es stehenbleibt. Trotzdem wagt niemand, etwas einzupacken, denn das sieht so gierig aus. Seien Sie beherzt, und greifen Sie zu – so vermeidet man nicht zuletzt auch überflüssige Umweltbelastung.

Auch so zu tun, als ob Sie irgendwo in einem kleinen Dorf wohnen, mitten im Busch, kann helfen, die Sache einmal aus einem anderen Blickwinkel zu betrachten. Sie müssen stundenlang im Landrover fahren oder das Pferd Ihrer Nachbarn leihen, um zum nächsten Geschäft zu kommen. Das tun Sie nicht einfach so. Wenn etwas kaputtgeht, ist es selbstverständlich, daß Sie es selbst reparieren oder sich von einem geschickten Nachbarn oder der Nachbarin helfen lassen. Geschirr kann man kleben, Kleidung flicken, nicht zu komplizierte Reparaturen am Fahrrad, Auto und in der Wohnung kann man selbst erledigen. Wenn es klappt, gibt es Ihnen ein zufriedenes Gefühl. Ich habe gelernt, selbst meine Schuhe zu flicken. Das ist sehr praktisch, wenn man plötzlich einen Absatz des einzigen „guten Paares" verliert. Günstige Sets mit Absätzen und Sohlen, Nägelchen und Leim gibt es zu kaufen.

Auf die Ellbogen meiner Pullover nähe ich ovale Lederstücke, die ich aus alten Stiefeln oder einer Handtasche vom Krammarkt schneide.

Farbbänder am Drucker oder an der Schreibmaschine füllen wir selbst mit Tinte.

Ein Gasfeuerzeug, das nicht mehr funktioniert, muß meist nur mit etwas Seifenlauge saubergemacht werden. Kaputte Reißverschlüsse an Kleidungsstücken und Taschen funktionieren wieder, wenn man mit einer kleinen Zange in beide Seiten der Zuglasche gekniffen hat.

Wenn Sie diese Tricks einmal kennen, ist es ein Kinderspiel zu sparen. Unter den Blinden ist der Einäugige schließlich der König – Sie werden recht schnell Expertenstatus erringen.

 Stellen Sie nicht so hohe Ansprüche!

Wenn Freunde oder Bekannte mit einer Tasche herumlaufen, an der der Reißverschluß kaputt ist, bieten wir an, die „eben" zu reparieren. Bis jetzt ist dies immer zu großer Zufriedenheit aller Betroffenen gelungen.

Wenn Sie eine Zeitlang so tun, als ob Sie weit von der nächsten Stadt weg wohnten, werden Sie feststellen, daß Reparaturen Ihnen gut gelingen. Sie sind vielleicht geschickter, als Sie jemals dachten. Sie stellen aber noch etwas anderes fest: Gutes Werkzeug ist eine absolute Voraussetzung, ansonsten bleibt alles Stümperei. Stellen Sie fest, was Sie bereits haben, was Ihnen noch fehlt, und wie Sie dies

51

preiswert anschaffen können. Was noch fehlt, erbitten Sie als Geschenk zum Geburtstag oder zu anderen Gelegenheiten. Nicht jeder muß eine Schlagbohrmaschine, einen Butangasbrenner, Schuhleisten oder Handlampen haben. Warum sollten Sie für teures Geld etwas kaufen, das Sie gratis leihen können? Das nimmt keinen Platz im Haus weg und dient dem notwendigen Kontakt mit den Nachbarn an einem Ort, an dem absolut nichts zu erleben ist. Außerdem ist es mal etwas anderes, als sich eine Tasse Zucker zu leihen.

! *Für ein großes Tee-Ei brauchen Sie – relativ gesehen – weniger Tee!*

Es gibt bereits alles!

In den siebziger Jahren zog ich aus dem Zentrum von Amsterdam um in eine Neubauwohnung in Den Haag – ein ziemlich großer Wechsel. Anfangs genoß ich die Sensation der phantastischen Aussicht vom zehnten Stockwerk und sah nur die Vorteile einer modernen, funktionellen Wohnung. Das Appartement war recht neu, einfach zu pflegen, und es mußte auch nicht viel renoviert werden. Wir waren umgezogen, weil mein Mann eine neue Stelle mit besseren Perspektiven gefunden hatte. Ich freute mich für ihn, aber ich hatte meine eigene Stelle aufgeben müssen. Da unser zweites Kind unterwegs war, war das aber auch keine Katastrophe, die ersten Jahre wollte ich sowieso viel zu Hause sein.

Da saß ich also. Das Kind kam, alles ging gut, und ich hätte glücklich sein müssen. Aber dem war nicht so. Die „Arbeitslosigkeit", der fehlende Kontakt mit Kollegen und der Umzug in eine sogenannte „Schlafstadt", in der ich niemanden kannte, fielen mir schwer.

Ich hatte mich zwar – soweit das möglich war – auf diese Situation vorbereitet, aber jetzt entdeckte ich einen neuen Aspekt. Ich fühlte mich in der Wohnung, hoch über dem Erdboden, ab und zu sehr seltsam und unsicher. Mir wurde deutlich, daß ich absolut von Elektrizität abhängig war. Wenn der Strom ausfallen würde (wir befanden uns gerade in der Zeit der Energiekrise, der Gedanke war also nicht ganz abwegig), war man in einem solchen Appartement absolut am falschen Platz. Es gäbe dann kein Licht, keine Heizung, kein Telefon, Radio oder Fernsehen.

Der Aufzug würde nicht funktionieren, und ein Baby und einen Kinderwagen schleppt man nicht einfach zehn Stockwerke nach unten.

Wenn jemand vorbeikäme und klingelte, würde man die Klingel nicht hören. Ans Fenster klopfen, laut rufen und Steinchen ans Fenster werfen kann man in solcher Höhe nicht.

Mein eigenes Kind könnte vor der Tür stehen, ohne mich erreichen zu können. Von oben aus die Haustüre zu öffnen, würde nicht möglich sein.

Wegen der fehlenden Schornsteine würde man in Notzeiten kaum auf eine andere Heizungsart übergehen können.

Das alles verlieh mir ein ausgesprochen unangenehmes Gefühl, obwohl ich keineswegs unter Klaustrophobie leide. Das Wohnen in solcher Höhe erscheint begehrenswert, aber das ist es eigentlich nicht. Sogar die hübsche Aussicht entschädigt nicht, denn sie liegt weit weg und unerreichbar hinter großen Fenstern, die man zum Teil nicht öffnen kann. Ich wollte nicht länger so wohnen, als unbedingt notwendig war. Das Gefühl, abhängig zu sein, ist sehr unangenehm, ob es sich nun um die Abhängigkeit von Personen, Situationen oder materiellen Dingen handelt. Das geht nicht nur mir so: Arbeitnehmer organisieren sich, um besser verhandeln zu können und weniger von Arbeitgebern abhängig zu sein. Frauen arbeiten außer Hause, um ein eigenes Einkommen zu erzielen und weniger von ihren Männern abhängig zu sein. Medikamentenabhängige gründen Selbsthilfegruppen, um ohne Pillen leben zu können.

Sich selbst helfen zu können, autonom zu sein, das ist uns offensichtlich sehr wichtig. Trotzdem werden wir immer in einem bestimmten Ausmaß voneinander abhängig sein, und das hat auch angenehme Seiten, denn dadurch können wir die Dienste von Menschen nutzen, die auf einem bestimmten Gebiet mehr wissen und können als wir selbst.

Wir essen eine ganze Reihe von Produkten, die andere Menschen angebaut haben. Wir kaufen Artikel, die Menschen gemacht haben, die etwas von ihrem Fach verstehen. Solange wir uns selbst dafür entscheiden und die Freiheit fühlen, damit aufzuhören, sobald wir genug davon haben, ist das vollkommen in Ordnung. In der Hochhauswohnung war das für mich anders. Ich konnte keine Auswahl treffen aus verschiedenen Sorten von Öfen und Brandstoffen, es gab nur eine Zentralheizung. Das Läuten mit einer (mechanischen) Zugklingel war unmöglich, selbst die Fenster von außen zu putzen, war lebensgefährlich. Die Entscheidungen waren bereits getroffen, alle Beschlüsse genommen. Man konnte sich damit abfinden oder ausziehen. Diese Hochhaus-Erfahrung war für mich äußerst aufschlußreich. Offensichtlich bin ich ein Mensch, der in allen möglichen Umständen aus einer Reihe von Möglichkeiten selbst wählen möchte. Deshalb bekomme ich auch ein unfreies Gefühl, wenn es um Kaufzwang geht. Darunter verstehe ich, etwas kaufen zu müssen, um „dazuzugehören", und daß diese Dinge in ganz bestimmten Geschäften gekauft werden und von einer ganz bestimmten Marke sein müssen. Es geht darum, was „in" ist und was nicht. Die Damenmode ist das beste Beispiel: Du sollst dieses Jahr ausschließlich kurze Röcke oder Puffhosen in den Farben knallorange und giftgrün tragen. Im einen Jahr muß man auf hohen Absätzen herumstolpern, im nächsten Jahr in Stiefeln. Ein normaler Mensch kann dabei nicht mithalten und das eigentlich auch nicht bezahlen. Arbeiten, Geld verdienen und einen großen Teil davon in Modegeschäfte tragen, das finde ich schade, es zeugt von Herdentrieb und von Materialverschwendung.

! *Wie viele Stunden pro Woche müssen Sie Geld verdienen für Ausgaben, die Sie nicht hätten, wenn Sie kürzer arbeiten würden?*

Ich möchte nicht abhängig sein von den Damen und Herren, die unsere Mode entwerfen. Das gleiche gilt eigentlich für jede Modeerscheinung und jeglichen Kult, für „Wegwerfschund". Ich möchte nicht abhängig sein und gezwungen werden, alles mögliche zu kaufen. Manchmal ist das wirklich nicht einfach. Fernsehen, Zeitungen, Menschen in meiner Umgebung und die Werbung versuchen konstant, mich so weit zu bekommen, daß ich Dinge kaufe, die ich nicht haben will und die unnötig sind. Als Strategie, mich dagegen zu wappnen, habe ich mir unter anderem folgendes ausgedacht: ES GIBT BEREITS ALLES.

Bis vor kurzem ging ich davon aus, daß ich alles, was ich brauche, in Geschäften für teures Geld kaufen muß. Jetzt glaube ich, daß es alles, was ich nötig habe, irgendwo bereits gibt. In meinem eigenen Haus, bei der Familie, bei Freunden oder Bekannten. Ich gehe sogar so weit, daß ich all diese Häuser als Lager für die Dinge betrachte, die ich nötig habe. Sie liegen da und warten auf mich, es geht lediglich darum, wie ich sie auf absolut legale und akzeptable Art und Weise in meinen Besitz bekomme. Ein Beispiel: Dieses Kapitel schreibe ich

auf dem Computer im Schlafzimmer, an einem gerade zusammenge-
setzten Schreibtisch, bestehend aus zwei Nachttischen und einem
großen Brett. Und das alles befand sich bereits in meinem Haus. Die
Nachttische standen brav zu beiden Seiten des Doppelbetts und das
Brett in einem Schrank. Heute morgen wußte ich noch nicht, daß ich
so reich bin. Ein anderes Beispiel: Voriges Jahr entdeckte ich unseren
vielzitierten Wohnmantel. Ein handliches Kleidungsstück, in das man
sich hüllt, wenn es im Haus kalt ist und mit dem man eine Menge
Energie sparen kann. Ich fragte alle möglichen Leute in meiner Umgebung, ob sie einen alten Schlafsack übrig hatten, um selbst einen
Wohnmantel davon zu machen. Es stellte sich heraus, daß eine Freundin zwei komplette Wohnmäntel im Haus hatte, ohne zu wissen, wo-
zu die eigentlich dienten. Sie dachte, sie habe zwei ausgefallene
Schlafsäcke mit Druckknöpfen an ungewöhnlichen Stellen im Haus.
Ich habe einen von ihr bekommen, und sie selbst freut sich, zu wissen, was man mit einem solchen Mantel tut, und ist inzwischen selbst
begeisterte Trägerin.

Zwei Freundinnen mit der gleichen Konfektionsgröße schreiben
uns, daß sie in regelmäßigen Abständen Garderobe miteinander tauschen. Sie wohnen in verschiedenen Städten, sparen viel Zeit und
Geld und gehen gut gekleidet durchs Leben. Einkaufen im eigenen
Schrank geht auch. Nehmen Sie sich einmal Zeit dafür, und graben
Sie alles aus, was Sie bereits eine Zeitlang nicht mehr anziehen. Vielleicht können Sie etwas ändern, mit jemand anderem tauschen oder
färben. Mutter und Tochter können ab und zu in ihren Schränken
„Razzia" machen. Ein Kleidungsstück, das man selbst absolut nicht
mehr sehen kann, ist für jemand anderen ein echter Zuwachs.

 Halten Sie Ihre Kinder kurz!

Es gibt keine Statistik über die Anzahl der Dinge, die Menschen zu
viel haben. Zu viel im Sinne von Nicht-aufbrauchen-können, Dop-
pelt-haben oder Im-Weg-stehen. Wenn Sie anfangen, darüber nachzudenken …

Babyausstattungen werden aus sentimentalen Gründen aufbewahrt
oder weil man denkt, daß man sich vielleicht noch ein Kind anschafft.
Hochzeitskleider, Schlittschuhe, Möbel auf dem Dachboden, Koffer
mit Kleidung, Schränke voll mit Bettwäsche und Büchern nehmen
Platz weg. Ich kenne Leute, die so viele Bücher haben, daß fast alle

Wände von oben bis unten vollstehen. Selbst wenn sie bei guter Gesundheit 250 Jahre alt würden und an einem Stück läsen, könnten sie diese Bücher nicht alle lesen.

Eine ältere Dame, die von einer schmalen Rente lebt, schämt sich nicht, Groschen und Pfandflaschen von der Straße aufzulesen. Das Geld kommt in eine Dose, und einmal jährlich geht sie davon mit einer Freundin einen ganzen Tag lang aus.

Das Geld liegt auf der Straße: Sperrmüll durchzukämmen kann sehr lukrativ sein. Möbel, Bücher, Kleidung, alles wurde gratis auf die Straße gestellt. Sie brauchen sich nur zu bücken und es aufzuheben. Manchmal muß man allerdings selbst die Initiative ergreifen. Eine Mutter schreibt uns: „Mein Sohn wollte Blockflötenunterricht nehmen, aber ich scheute die Kosten für eine Blockflöte, falls er – wie es bei Kindern nun einmal passiert – schnell das Interesse verlieren würde. Daher habe ich gratis eine Anzeige in einer Zeitung aufgegeben, die bei uns verteilt wird, und gefragt, ob jemand eine unbenutzte Blockflöte herumliegen hatte. Ich bekam vier Angebote. Eine Frau wollte nicht einmal einen Blumenstrauß als Dankeschön haben, obwohl sie mir noch die Übungsbücher gab, die die Lehrerin benutzt hatte. Der Blockflötenunterricht kostet mich nur das Porto für das Absenden der Anzeige, denn die Lehrerin erteilt den Unterricht gratis."

! *Ikebana – je weniger Blumen, desto hübscher.*

Ein sauberes Völkchen

Die Niederlande und ihre Bewohner waren einst als besonders sauber und ordentlich bekannt. Diesen Eindruck bekamen Ausländer, die hier Urlaub machten. Sie sahen Hausfrauen, die Fenster putzten und mit Wassereimer und Schrubber den Bürgersteig bearbeiteten.

Es bestand der Eindruck, daß die Straßen bei uns so sauber seien, daß man davon essen könne. Inzwischen ist das kaum noch vorstellbar, denn das waren noch Zeiten, in denen es keinen herumfliegenden Müll gab, keine Snackbars, vor denen die Trottoirs verschmutzt sind und deren Gäste in der ganzen Umgebung Dosen, Papier und Essensreste verstreuen.

Die Straßen sind dreckig, aber zu Hause muß alles sauber, gemütlich und ordentlich sein. Auch an die persönliche Hygiene stellen wir immer größere Anforderungen. Täglich wird geduscht, werden die Haare gewaschen und die Kleidung gewechselt statt des wöchentlichen Bades am Samstagnachmittag. Es sieht so aus, als ob wir uns vor uns selbst ekeln und jeden menschlichen Geruch schnellstmöglich verwischen wollen. Drinnen muß alles immer sauberer sein, draußen wird alles dreckiger: eine Entwicklung, die man oft sieht. Innerhalb der Fabriken widmet man der Hygiene und den Arbeitsumständen viel Aufmerksamkeit, und die Produktion ist durch Rationalisierung stark gestiegen. Den Effekten all dieser Aktivitäten auf die Umwelt widmen wir weniger Aufmerksamkeit.

Wie eifrige Ameisen rennen wir im Kreis und probieren, unser Häuschen sauberzuhalten. Den Schmutz von innen treiben wir mit viel Eifer nach draußen, solange wir selbst sauber sind. Sobald der Dreck draußen liegt, stören wir uns nicht mehr daran, bis es dort so voll und schmutzig ist, daß wir lieber nicht mehr nach draußen gehen. Sind wir etwa falsch programmiert? Können wir uns ändern, oder ist das nicht mehr möglich? Zu Hause etwas gelassener und draußen etwas aktiver werden? Oder überhaupt etwas weniger unruhig?

Wenn wir unseren Ameisenhaufen gut betrachten, konstatieren wir glücklicherweise hier und da hoffnungsvolle Entwicklungen. Die eine oder andere Ameise kommt aus ihrem Haus und betätigt sich – noch etwas unsicher – draußen. Andere Ameisen werden zu Hause etwas ruhiger und haben die Sprüche, die überall in den Ameisenhäusern hängen, umgedreht oder durch andere ersetzt. Über dem Kamin liest man jetzt „Nach getaner Arbeit ist gut ruhen", im Gang „Rom ist auch nicht an einem Tag erbaut" und im Schlafzimmer „Eile mit Weile". Nachdem man jahrelang Sprüche wie „Wer rastet, rostet", „Arbeit adelt" und „Müßiggang ist aller Laster Anfang" gesehen hatte, empfinde ich das als eine große Erleichterung.

Eine ältere Frau aus Den Haag hat, vollkommen zu Recht, viel Publicity und einen Orden bekommen, weil sie in ihrem eigenen Viertel täglich mit Besen, Müllsack und einem Wägelchen unterwegs ist, um die Bürgersteige zu kehren. Sie ist im sogenannten „Statenkwartier" (einem gutbürgerlichen Den Haager Wohnviertel) eine Berühmtheit. Nachdem Koosje de Veer sich immer mehr über den Schmutz in ihrer Umgebung ärgerte, beschloß sie, etwas dagegen zu tun. „Ich merkte auch, daß ich Bewegung haben mußte. Ich hatte zu hohen Blutdruck, Schmerzen im Nacken und in den Armen und betrachte dies als eine Art von Sport. Die Luft tut mir gut, und meine Beschwerden sind verschwunden. Und außerdem ärgere ich mich nicht mehr." Koosje ist nicht die einzige. In vielen Städten und Stadtteilen werden Putzaktionen organisiert oder Grünanlagen von umweltbewußten Leuten adoptiert.

Graue Panther helfen in Grünanlagen, Schulklassen pflegen abwechselnd das Schulgelände und angrenzende Straßen oder Haltestellen. Die Niederländische Jugendherbergszentrale organisiert unter der Bezeichnung „Strandrauben für die Umwelt" regelmäßig Urlaub auf den Watteninseln, wobei Gruppen begeisterter Menschen Tonnen von Abfall auf den Stränden einsammeln. Man ist im Freien, gebraucht die Muskeln und tut etwas Nützliches. Ein Wassersportverein im Biesbos (Wasser-Sumpf-Naturgebiet bei Dordrecht) organisiert mit seinen Mitgliedern jährlich eine große Putzaktion. Nachdem im ersten Jahr erschreckend viel Dreck eingesammelt wurde, zeigte sich schnell, daß ein großer Rückstand eingeholt worden war, denn in den darauffolgenden Jahren wurde die Menge immer kleiner.

Auf der Straße und in der Natur brauchen wir mehr Menschen, die unter Putzfimmel leiden, drinnen ist es genau umgekehrt. Es gibt Menschen, die jeden Tag staubsaugen, putzen und saubermachen, Mütter, die stolz erzählen, daß sie ihren Kindern jeden Tag sämtliche Kleidung frisch anziehen, WCs und Waschbecken, die immer noch mit Chlor geputzt werden. Ich finde Sauberkeit auch gut, aber die Bemerkung, daß man nichts saubermachen kann, ohne gleichzeitig auch etwas zu verschmutzen, hat mich nachdenklich gemacht. Es klingt so einfach und einleuchtend, aber diese Einsicht hat auf mich großen Eindruck gemacht. In vielen Fällen verschiebt man nicht nur Schmutz

von der einen Stelle zur anderen, sondern macht es sogar nur noch
viel schlimmer.

Beim Putzen bewegt man nicht nur Schmutz, sondern verbraucht
auch eine Menge sauberes Trinkwasser. Putzmittel landen über die
Kanalisation letztendlich im Meer. Das Wasser muß gesäubert werden, und Putzmittel werden in einer Fabrik hergestellt, die außer Rohstoffen auch Wasser und Energie verbraucht.

Kurzum, je sauberer mein Haus ist, desto schmutziger wird es an-
derswo. Grund genug, etwas großzügiger zu werden und von einer
Frau zu lernen, die sich selbst als „prinzipielle Schlampe" bezeichnet.
Sie ist schlau. Sie erledigt ohnehin nicht gerne Hausarbeit, und nun
hat sie noch ein phantastisches Alibi: Die Fenster werden erst geputzt,
wenn es im Haus etwas düster aussieht, und nicht etwa, weil es Frei-
tag ist.

Bei Blusen und Hemden bügelt sie nur noch die Teile, die man
sieht. Bettücher, Kissenbezüge und Geschirrtücher kommen natürlich
ungebügelt in den Schrank.

Sie ist eine Expertin im Entfernen von Flecken mit altmodischen
Hausmittelchen und verhindert so, daß Kleidung in die Reinigung ge-
geben werden muß, denn in der Reinigung wird „chemisch" gerei-
nigt, und das sagt bereits alles. Sie trägt gerne dunkle Kleidung, weil
sie ihr so gut steht (behauptet sie). Gekocht wird nur alle paar Tage,
das Essen wird in Portionen aufgeteilt und eingefroren. Auch mit dem
Einkaufen ist sie sparsam: Von günstigen Angeboten werden immer
sofort zehn Portionen angeschafft, die im Vorratskeller oder in der

Tiefkühltruhe verschwinden. Das tägliche Einkaufen hat sie so auf einmal wöchentlich reduziert.

Auch ihr Mann ist inzwischen angesteckt. Wenn es regnet, zieht er Stiefel und Regenjacke an, schnappt sich ein weiches Tuch und wäscht ohne Leitungswasser, ohne Schlauch und ohne einen einzigen Tropfen Putzmittel das Auto. Wenn er von der Arbeit nach Hause kommt, zieht er eine alte Hose und einen dicken Pullover an (angeblich, um seine gute Kleidung und Energie zu sparen, aber meiner Meinung nach fühlt er sich darin einfach wohler).

Im Garten tut er nicht mehr viel. Er fegt keine Blätter mehr auf, sondern läßt sie liegen, weil das gut für die Pflanzen und für die Vögel ist.

Zur Zeit gibt er wieder damit an, daß er die billigste Sparbirne entdeckt hat: eine einfache Glühbirne von fünf Watt mit einer großen Fassung, die unter der Bezeichnung Orientationsbeleuchtung zu kaufen ist. Sie gibt genug Licht für die Diele, Einbauschränke und die Toilette. Was Schmutz angeht, liegt die Toleranzgrenze wohl bei jedem anders. In einer Familie wird alle drei Tage staubgesaugt, in einer anderen höchstens einmal pro Woche. Das hängt auch von der Art des Fußbodenbelags ab und davon, ob man kleine Kinder oder Haustiere hat. Als ich noch Katzen hatte und in meiner Wohnung glattes Linoleum und Parkett verlegt waren, konnte ich jeden Krümel und jedes Härchen zählen. Seit ich mich selbst auch zu den „prinzipiellen Schlampen" zähle, ist mein Leben viel einfacher geworden. Das aufwendige Staubsaugen begrenze ich auf ein Minimum – lediglich alle paar Wochen kommt das unhandliche Monster, an dem man sich einen Bruch trägt, aus dem Schrank. Dann wird all der unsichtbare Staub im ganzen Haus aus dem Teppichboden gesaugt. Zwischendurch benutzen wir einen „Krümeldieb", einen Apparat, der alle sichtbaren Krümel, Papierschnipsel und ähnliches in wenigen Minuten aufsaugt. Das Bett muß nicht jede Woche frisch bezogen werden, seit wir – so wie früher – im Schlafzimmer die Fenster aufmachen und regelmäßig alles aufdecken und lüften.

 Wer weit reist, darf viel zahlen!

Ein guter Freund von uns geht noch weiter. Bei ihm darf man das Wohnzimmer nicht mit Schuhen betreten, in dem helle Wollteppiche auf dem Boden liegen. An der Garderobe liegen deshalb dicke Socken für die Besucher bereit.

Zu Hause können wir ruhig etwas mehr Gelassenheit üben, und sogar in Fabriken, in Büros und auf der Straße ist das möglich. Früher bekamen wir im Schulzeugnis eine Note für Fleiß. Schlechte Noten für andere Fächer waren nicht mehr ganz so schlimm, wenn man sich wenigstens angestrengt hatte. Hart zu arbeiten, das Beste zu geben und viel zu produzieren, das ist noch immer das Motto, und wir streben noch immer nach einer guten Note für Fleiß. Der Lehrer ist vom Personalchef oder Direktor ersetzt worden. Es sieht so aus, als ob wir vergessen haben, daß es auch Noten gab für Verhalten, Gesang und Zeichnen. Anders gesagt: Abgesehen von Arbeit bestehen auch noch Kultur und angenehme Dinge, von denen man genießen kann.

Die erste Fabel von La Fontaine, der im 17. Jahrhundert lebte, handelt von der Grille und der Ameise. Hat diese Fabel uns so sehr beeinflußt, daß wir, koste es, was es wolle, als fleißige Ameisen durchs Leben gehen wollen und absolut nicht mit der Grille verglichen werden möchten, mit der es bekanntlich ein schlechtes Ende nimmt? Macht diese Fabel noch immer Eindruck auf uns, oder wird es Zeit, sie umzuschreiben? Die Grille und die Ameise sind noch immer sehr verschieden, aber eher Freunde denn Feinde. Wenn die Ameise ihr Tagwerk erledigt hat, legt sie sich ruhig ins Gras, um der prächtigen Musik der Grille zu lauschen. Die hat inzwischen den ganzen Tag lang die schwierigen Triller und Läufe geübt und ist stolz, daß sie sie jetzt beherrscht. Die Ameise arbeitet lieber zu Hause, sie tut das effizient und schnell und hat Verständnis dafür, daß das Heimchen das schwierig findet, denn seine Füßchen sind nicht dafür gebaut. Wenn sie ihre eigenen Füße betrachtet, wird auch deutlich, warum ihr das Geigenspiel weniger liegt. Sie hat stämmige Arbeitsfüße. Die Musik der Grille ist wunderschön, und wenn es dunkel wird, gehen die beiden zusammen nach Hause, um zu verzehren, was die Ameise tagsüber für beide herbeigeschafft hat. Das Häuschen ist gemütlich und aufgeräumt, aber Sauberkeit und Arbeit sind nicht mehr das höchste Ziel. … Und so lebten sie noch lange und glücklich.

Zu Hause Geld verdienen

Die *Vrekkenkrant,* die Zeitschrift für die sparsamen Bewohner der Niederlande, hat viel Aufsehen erregt. Seitenlange Artikel in Zeitungen und Zeitschriften, Fernsehauftritte im In- und Ausland und Dutzende von Radiosendungen folgten. Außerdem erhielten wir Tausende von Briefen, 3500 Abonnements wurden bestellt, und es gab einige Neuauflagen und Übersetzungen unseres ersten Buches *„Wie werde ich ein echter Geizhals?".* Anfangs saßen wir überwältigt und sprachlos vor den Stapeln von Briefen. Was war nur los, wie war dieses Interesse zu erklären? Schnell stellte sich heraus, daß es um mehr ging als die Besorgnis um die Umwelt und die Abneigung gegen Überkonsum. Der Name der Zeitung war zweifellos eine der Ursachen des Erfolgs, aber das war nicht alles. Dies war „endlich einmal etwas anderes" als Geschichten von reichen Leuten, Filmstars und

dem emsigen Geldausgeben. Dieses Thema betrifft viele Menschen direkt, trotzdem war es irgendwie „tabu". Oft beobachteten wir folgende Reaktion: Erst lachte man über die Zeitung, dann folgten die tollsten Geschichten über sparsame Onkels und Tanten, und danach die Geständnisse über eigenes sparsames Verhalten, wieder mit viel Gelächter und leichter Scham erzählt. Viele Briefe kamen von Frauen. Die älteren schrieben, wie gut es ihnen tat, daß sparsames Haushalten endlich wieder einmal ein Thema sei, sie kannten vieles noch von früher. Jüngere Frauen sehen die Zeitung eher als Möglichkeit, etwas zu lernen oder etwas in ihrem Leben zu verändern. Das Thema interessiert Frauen wahrscheinlich mehr als Männer, weil sie weniger verdienen und ausgeben können und daher – oft gezwungenermaßen – mehr Erfahrung mit Sparsamkeit haben. Viele Frauen sammeln Rabattmarken, haben „Geheimkassen" und suchen in Zeitungen nach Sonderangeboten, aber sie sprechen nicht gerne mit ihrem Mann oder Partner darüber. Sie schrieben: „Endlich Anerkennung! Jeder beschimpfte mich als Geizkragen, weil ich kein Essen wegwarf, mein Mann schämt sich für meinen Geiz und begreift nicht, daß ich nicht anders kann. Ich hasse Verschwendung." Andere schrieben, daß sie nach einer Scheidung, wegen Arbeitslosigkeit oder Krankheit sparsam leben müssen. Bei solchen Menschen stellt man deutliche Unterschiede fest. Manche von ihnen betrachten sich selbst als Opfer und versuchen krampfhaft, vor der Öffentlichkeit zu verbergen, daß sie „arm" sind, zum Beispiel dadurch, daß sie zu einem Geburtstag besonders teure Geschenke mitbringen. Andere akzeptieren das Problem und versuchen, mit mehr oder weniger Erfolg, das Beste daraus zu machen. Beim Lesen dieser Briefe fiel uns auf, daß diejenigen, die unglücklich oder unzufrieden waren, absolut nicht auf ein Leben mit niedrigem Einkommen vorbereitet waren. Man hatte eine sichere Stelle oder einen Ehemann mit einer solchen und lebte in den Tag hinein, als ob die Lage sich niemals ändern könne. Die anderen „neuen Sparer" hatten schon immer sparsam gelebt und sparten, was übrigblieb. Zu dieser Gruppe gehörten auch diejenigen, die nicht nur von einer Einkommensquelle abhängig waren. Menschen mit einem großen Gemüsegarten, jemand, der Nachhilfeunterricht erteilte oder einen Teil seines Hauses vermietete. Diese Gruppe war auf Rückschläge vorbereitet und konnte viel besser damit umgehen.

Ein Leser schreibt uns: „Wenn ich Ihre Zeitung lese, denke ich, daß ich schon immer ein Geizhals gewesen bin, und es hat mir nicht geschadet. Jetzt, wo die Zeiten für viele schwieriger werden, können wir so weiterleben wie bisher und brauchen nicht den großen Schritt zurück zu machen. Es passiert häufig, daß man mich um Rat fragt, und ich bekomme dann folgendes zu hören: ‚Sie leben sparsam, es fehlt Ihnen an nichts, wie machen Sie das?' Na, dann kann ich was erzählen."

 Filtertüten kann man problemlos zweimal benutzen!

Zwei junge Angestellte haben die gleiche Stelle und verdienen beide etwa DM 23 000,– pro Jahr. Den einen kostet es viel Mühe, damit auszukommen, und der andere hat sogar noch eine schöne Summe übrig. Der Unterschied liegt darin, daß der erste daran gewöhnt ist, sämtliche Kleidung, Hausrat und auch sein Auto neu zu kaufen, und auch noch teure Hobbys hat. Er ist Musikliebhaber und besitzt Hunderte von Schallplatten und CDs. Am Wochenende geht er aus, er ißt irgendwo, geht ins Kino und danach in eine Kneipe. Solche Hobbys kosten schnell einige tausend Mark im Jahr, so daß für alle anderen Ausgaben weniger als DM 20 000,– übrigbleiben.

Nummer zwei ist sehr geschickt. Er hat vor zehn Jahren ein kleines Häuschen gekauft, das komplett renoviert werden mußte. Als es fertig war, verkaufte er es mit Gewinn und hat jetzt ein größeres Haus, an dem auch noch einiges zu tun ist. Wenn das fertig ist, verkauft er es auch wieder. Außerdem besucht er gerne Flohmärkte, auf denen er sich alles mögliche zusammensucht, Möbel aus den fünfziger Jahren, ausgefallene Dekorationen, Kleidung und Bücher. Der Verkauf seines Hauses hat ihm pro Jahr ungefähr DM 3 500,– eingebracht, und mit seinem Schnüffelhobby verdient er DM 2 500,– pro Jahr (er braucht keine Möbel, Kleidung und Geschenke neu zu kaufen). Seine finanzielle Situation ist viel angenehmer, denn pro Jahr „verdient" er DM 30 000,–.

Pro Jahr hat er DM 10 000,– mehr als der andere Angestellte aus unserem Beispiel. Wenn er 20 Jahre lang so weitermacht, ist das fast eine Viertelmillion!

Sammlungen sind Hobbys, mit denen man auf die Dauer angenehm ein Sümmchen zusammensparen kann. Dadurch, daß man selbst sammelt und mit anderen tauscht, kann man im Lauf der Jahre eine wertvolle Sammlung aufbauen. Es gibt unzählige Beispiele von Menschen, die die unwahrscheinlichsten Dinge sammeln. Briefmarken sind das bekannteste Beispiel, aber auch Fingerhüte, Eierbecher, Silberlöffel, Münzen und Telefonkarten, Uniformmützen und Bettpfannen werden mit viel Eifer gesammelt. Eine solche Sammlung kann man durch Zukauf erweitern, aber man sollte sich vorher gut über den eventuellen Wiederverkaufswert informieren, sonst stellt sich hinterher heraus, daß es keine gute Investition war. Eine solche Sammlung kann aber auch dadurch wachsen, daß man sich zu jedem Geburtstag etwas dazu wünscht. Dann braucht man sich auch nicht jedesmal wieder einen Wunsch auszudenken.

Unter meinen Bekannten sind einige Telefonkartensammler, Briefmarkensammler und jemand, dessen ganzes Treppenhaus mit altem bzw. antikem Werkzeug gefüllt ist. Er könnte beinahe einen Saal in einem Museum damit ausstatten. Es ist also sinnvoll, herauszufinden, ob man ein Hobby, das Geld kostet, durch eines ersetzen kann, das gleich oder später einmal Geld bringt. Es gibt auch Menschen, die ihr Hobby zum Beruf machen. Jemand, der von Stoffetzen ab und zu einen Teppich webte, tat das zunächst nur für sich selbst, dann für

Freunde und Bekannte und hatte schließlich nach einigen Jahren eine Handweberei und ein Geschäft für Webartikel.

Eine Frau, die einen Nähkursus machte und lernte, günstig ihre eigene Kleidung zu schneidern, gibt jetzt mit großem Erfolg selbst solche Kurse.

Eine Frau aus Suriname, die phantastisch kochen konnte, kochte zunächst für Bekannte gegen Bezahlung bei Partys und Festen und hat nun ein surinamisches Restaurant.

! *Seien Sie geizig, schenken Sie einen Ableger!*

Abgesehen von Hobbys, die Geld bringen, ist und bleibt der Haushalt auch ein Platz, an dem man Geld verdienen kann. Amy Dacyczyn, die in Amerika mit der *The Tightwad Gazette* begann, wollte beweisen, daß man, ohne zwei Ganztagsstellen zu haben, eine große Familie ernähren und ein eigenes Haus kaufen kann. Ihre Devise war: Geld zu sparen, statt es auszugeben. Sie begann, alles mögliche erneut zu gebrauchen, um nicht etwas Neues kaufen zu müssen. Sie fand heraus, bis auf welche Summe das Budget für Lebensmittel reduziert werden konnte, ohne Einbußen bei der Abwechslung und beim Nährwert hinnehmen zu müssen. Sie begann, alles, was sich im Haushalt abspielt, zu analysieren. Konnte man etwas billiger oder sogar umsonst bekommen? Ging etwas schneller, kreativer? Man kann Geburtstagsgeschenke selber machen, den Kindern selbst die Haare schneiden, auf Flohmärkten gebrauchte Kleidung suchen, Lebensmittel in großen Mengen einkaufen. Vom Einkommen ihres Mannes konnte sie jedes Jahr rund 40 Prozent sparen und nach einiger Zeit konnte die Familie ihr Traumhaus kaufen. Eine echt amerikanische Erfolgsgeschichte.

Von Amy Dacyczyn stammen auch die witzigen Stundenlohnberechnungen, die so stimulierend wirken. Wenn man den Staubsaugersack aufschneidet, leert, zusammenklebt und erneut verwendet, verdient man in der gleichen Zeit mehr als eine Stenotypistin, die im Büro für einen Chef arbeitet. Das gleiche gilt für das Färben von Kleidungsstücken oder für das Fensterputzen, wenn man es selbst macht, statt einen Fensterputzer zu bezahlen. Sie können auch beträchtliche Summen einsparen, wenn Sie selbst Joghurt machen oder Sojasprossen, wenn Sie Bohnen gleich für mehrere Mahlzeiten kochen, statt sie in Gläsern oder Dosen zu kaufen, etc.

! *Ausreichender Schlaf ist das beste Make-up!*

Es gibt noch mehr Möglichkeiten, zu Hause Geld zu verdienen. Das Vermieten eines Zimmers oder eines Teils Ihres Hauses ist eine solche. Ein ansehnlicher Teil der Einkünfte wird nicht besteuert, und der Vermieterschutz ist besser geworden. Eine Freundin von mir, die ein großes Haus hat, vermietet jedes Jahr Zimmer an ausländische Studentinnen. Sie hat dadurch mehrere enge Freundschaften geschlossen und ihren Urlaub bei den jungen Frauen in deren Heimatländern verbracht. Mit einem (zu) großen Haus kann man auch „Bed and Breakfast" anbieten oder das Haus während des Urlaubs vermieten. In England und in den Niederlanden sind in den letzten Jahren solche Tauschsysteme entstanden.

Dadurch, daß eine Dienstleistung gegen eine andere getauscht wird (Zimmertapezieren im Tausch für einen Monat Gemüse aus dem Garten oder Babysitten für Computerunterricht), ist auch ohne Geld plötzlich vieles möglich. Aber auch ohne komplizierte Tauschsysteme läßt sich vieles „organisieren". Finden Sie heraus, was Sie selbst zu bieten haben und was Sie brauchen, und verkünden Sie das bei jeder passenden und unpassenden Gelegenheit. Ich habe eine Liste in meiner Toilette aufgehängt, die von unseren Besuchern (offensichtlich) gründlich gelesen wurde und in kurzer Zeit zu mehreren erfolgreichen Transaktionen führte, die mich nichts kosteten, abgesehen von einer Gegenleistung.

! *Ziehen Sie in eine preiswertere Gegend um!*

Über alles läßt sich verhandeln!

Als ich 14 Jahre alt war, erzählte mir mein Vater, daß er in einem großen Warenhaus ein Sofa gekauft hatte und daß es ihm gelungen war, einige hundert Gulden vom Preis herunterzuhandeln. Es handelte sich nicht um ein Vorführmodell, es war ein Sofa aus dem normalen Lager. Er hatte den Chef rufen lassen und gefragt, ob er einen Preisnachlaß bekommen könne, da ihm das Sofa zwar gefiele, er jedoch nicht den geforderten Preis dafür zahlen wollte. Und es stellte sich heraus, daß das möglich war: zehn Prozent. Ich erinnere mich nicht mehr gut daran, denn ich fand das beschämend und war froh, daß ich nicht dabeigewesen war. Daß er das beim Verkauf seiner Krimitaschenbücher auf dem Büchermarkt machte, ging noch an, aber handeln in einem Warenhaus … Nein, das konnte man doch nicht machen. „Das ist auch ein Markt, wenn auch ein vornehmer, also kann man auch handeln", sagte mein Vater, und er hatte recht.

Als ich schon fast erwachsen war, hörte ich oft, wie er am Telefon Käufer und Verkäufer eines Hauses „zueinander brachte", er war nämlich Makler. Auch das fand ich nicht in Ordnung, denn was er dem Käufer sagte, war natürlich nicht genau das gleiche, was er dem Verkäufer sagte. Ich fand das nicht ehrlich, und manchmal führten wir heiße Diskussionen darüber. Seine Begründung lautete immer: „Es ist die Aufgabe eines Maklers, Käufer und Verkäufer zueinanderzubringen. Beide wollen einen Abschluß tätigen, und ich sorge dafür. Das ist ganz in ihrem Sinne."

Es fällt mir noch immer schwer, über Preise zu verhandeln. Ich tue es zwar, aber mit einem Gefühl der Scham. Und ich bin nicht der einzige. Viele Menschen bezahlen immer sofort den gefragtenPreis, sogar auf dem Flohmarkt. Eigentlich ist das komisch, denn wir stammen von einem Volk von Händlern ab, so sind die Niederlande schließlich groß geworden. Vielleicht schämen wir uns unserer Vergangenheit, die natürlich zu einem Großteil aus Ausbeutung bestand, und handeln deshalb nicht mehr gerne.

Während eines Urlaubs in Marokko machte ich die ersten Erfahrungen mit dem Handeln. Ich wollte unbedingt eine bestimmte Kette mit Bernsteinperlen haben. Glücklicherweise hatte ich jemanden getroffen, der behauptete, etwas davon zu verstehen. Es war eigentlich ganz einfach: Man mußte die Steine erst gut betrachten, denn es gab viele Imitationen. Wenn man sie für echt hielt, konnte man den Preis einfach ausrechnen, indem man die Zahl der Steine mit einem bestimmten Betrag multiplizierte.

An einem unserer letzten Tage in Marokko faßte ich Mut. Ich betrat ein kleines Geschäft in Tétouan, in dem viele solcher Ketten hingen und schaute mich um. Die Kunststoffexemplare waren leicht zu identifizieren, weil man hier und da noch die Gußnähte sehen konnte. Als der Händler fragte, ob ich so etwas kaufen wollte, sagte ich,

daß ich das zwar wolle, aber nicht an einer Kette aus Kunststoff interessiert sei. Zu meinem Erstaunen reagierte er erfreut und führte mich in einen anderen Teil des Geschäfts, in dem tatsächlich viel hübschere Ketten hingen. Als ich noch immer zweifelte und fragte, ob er nicht noch andere habe, führte er mich wieder in eine andere Ecke, wo er einen Schrank öffnete und mir einen Schatz an wunderschönen Ketten zeigte. Nachdem ich eine Reihe von Ketten ausgewählt hatte, einigten wir uns recht problemlos auf den Preis, den ich im Kopf hatte. Ich wurde mit allen Ehren verabschiedet. Sogar wenn diese Ketten gute Imitationen gewesen wären, hätte ich nicht zuviel bezahlt. Und ich bin davon überzeugt, daß der Händler diese Transaktion mehr schätzte als den viel einträglicheren Verkauf der Ketten, die ich zuerst gesehen hatte. Manche Händler sind sogar gekränkt, wenn man nicht handelt, weil sie diesen „Sport" als wesentlichen Bestandteil des Verkaufsvorgangs ansehen und Spaß daran haben. Ich habe daraus gelernt, daß fast jeder lieber etwas zu einem gerechtfertigten Preis verkauft, als daß er den Kunden betrügt. Offensichtlich schenkt das, trotz des höheren Gewinns, weniger Befriedigung. Und das ist auch logisch, denn der Verkäufer weiß natürlich, daß er zuviel bekommen hat, und er weiß auch, daß das dem Kunden klar werden wird. Einen solchen Kunden sieht man nie mehr wieder. Handeln und Übereinstimmung zu erzielen mit jemandem, der offensichtlich etwas von der Ware versteht, ist eine Bestätigung des eigenen Wissens, und das ist ein besseres Gefühl als eine edlere Form des Betruges, auch wenn der Gewinn kurzfristig noch so hoch ist. Sich auf einen angemessenen Preis zu einigen, ist für beide Seiten vorteilhaft, und es lohnt sich, sich dessen bewußt zu sein. Vor allem für diejenigen, denen es Mühe bereitet, zu feilschen und zu handeln. Denn natürlich bereitet es uns Mühe; falls wir schon einmal handeln, dann höchstens auf dem Flohmarkt oder im Ausland. Und selbst da tun wir es oft nicht und machen uns selbst vor, daß wir dem einheimischen Händler etwas Gutes getan haben. Aber das ist in seinem Sinne, denn ein Händler ist kein Bettler, obwohl der Unterschied nicht immer einfach zu erkennen ist. Aber warum sollten wir es nicht auch zu Hause einmal probieren? Eine recht einfache Manier des Herunterhandelns bietet uns zum Beispiel eine Kreditkarte. Geschäfte müssen meistens eine hohe Provision an die Gesellschaft zahlen (zwischen einem und fünf Prozent), und das kann man ausnützen, vor allem in kleineren Geschäften, zum Beispiel in Modegeschäften. Beim Zahlen zücken Sie die Kreditkarte, aber im letzten Moment bieten Sie an, bar zu zahlen, falls man Ihnen einen Nachlaß gewährt. Wenn die Antwort positiv ausfällt, muß noch über die Höhe des Nachlasses verhandelt werden, aber ein kleiner Gewinn ist Ihnen sicher.

Das sind allerdings Tips für den Anfänger. Wollen Sie das Feilschen wirklich als Sport betreiben, dann müssen Sie sich besser vorbereiten, bevor Sie das Schlachtfeld betreten. Manche Menschen sind zum Handeln geboren, aber leider nicht alle. Ein solcher waschechter Händler wird von Amy Dacyczyn ausführlich in *The Tightwad Gazette Nummer 34* beschrieben. Er heißt Daniel J. Mezick, und Handeln ist sein ganzes Leben. Man könnte auch von einer (gesunden) Sucht sprechen. Beinahe sein ganzer Besitz ist das Ergebnis von Feilschen und Schachern. Mezick hat aus dem Feilschen eine Art Wissenschaft gemacht. Dabei geht er von folgendem Ausgangspunkt aus: Über alles kann man handeln. Bei neuen Sachen, wie Schuhen und Möbeln, aber auch über den Preis eines Hotelzimmers. Der Trick ist dabei, an den Geschäftsinhaber heranzukommen, weil Mitarbeiter meistens keine Nachlässe gewähren dürfen. Sobald man den Eigentümer vor sich hat, fragt man „Würden Sie den Artikel auch für weniger verkaufen?" oder „Können Sie mir Nachlaß gewähren?" Das Schlimmste, was Ihnen passieren kann, ist, daß man „Nein" sagt, aber Sie werden erstaunt sein, wie oft die Antwort „Ja" lautet. Wenn Sie dann zu handeln beginnen, sollten Sie sich diskret verhalten, denn der

Geschäftsmann möchte sicher nicht, daß jeder mitbekommt, daß über seine Preise gehandelt werden kann.

Feilschen ist eine soziale Tätigkeit. Fangen Sie nicht gleich an, um einen Nachlaß zu bitten, stellen Sie erst einen gewissen Kontakt her. Das gibt Ihnen die Möglichkeit, sich in den Charakter und die Motivation Ihres Gegenübers zu vertiefen. Beginnen Sie die Verhandlungen vorsichtig. Sprechen Sie auf neutrale Art und Weise über das Produkt, das Sie kaufen möchten. Lassen Sie sich nicht anmerken, daß Sie sehr erpicht darauf sind, aber äußern Sie sich auch nicht negativ, sonst faßt der Verkäufer eine Abneigung gegen Sie und ist geneigt, Ihr Angebot abzulehnen. Nennen Sie niemals als erster einen Preis. Mezicks Behauptung lautet: „Derjenige, der zuerst einen Preis nennt, verliert." Denn derjenige, der einen Preis nennt, gibt dem anderen die Möglichkeit, ihn zu ändern. Wenn Sie einen Preis hören, sollten Sie nicht sofort zustimmen, weil der andere den Eindruck bekommt, daß Sie nichts von dem gehört haben, was er sagte. Warten Sie, und überdenken Sie das Angebot, so zeigen Sie Respekt und machen Ihr Gegenüber empfänglich für die Antwort. Nennen Sie zuerst Argumente, bevor Sie einen Gegenvorschlag machen. Die meisten Leute nennen zuerst einen Preis und begründen diesen dann. Aber meist schaltet die Gegenpartei sofort ab, wenn sie einen Preis hört, und möchte gar keine Argumente hören. Wenn Sie es umgekehrt machen, ist der andere gezwungen, Ihre Argumente anzuhören, bis Sie einen Preis nennen. Und wenn er sich Ihre Argumente anhören mußte, klingt Ihr Preis annehmbarer. Am Ende des Verhandlungsprozesses klafft vielleicht noch immer eine Lücke zwischen dem, was Sie bezahlen wollen, und dem, was der Verkäufer haben will. Gute Händler überbrücken diese Lücke mit „elegantem Geld", wie Mezick es nennt. Kein Bargeld, sondern eine Ware oder Dienstleistung, die die Lücke auf eine Art und Weise füllen kann, die beiden Parteien Vorteile bringt. Wenn Sie zum Beispiel einem Friseur Ihr Auto verkaufen wollen und Sie sich über DM 500,– nicht einig werden, können Sie vielleicht fragen, ob der Friseur Ihnen an ruhigen Tagen so lange die Haare schneidet, bis die DM 500,– erreicht sind. Das hat für beide Parteien Vorteile: Sie haben DM 500,– Kredit bekommen für etwas, was Sie normalerweise in Bargeld zahlen müßten, und der Friseur hat den Eindruck, daß er nichts bezahlen muß, sondern nur zu Zeiten, zu denen er sowieso wenig zu tun hat, jemandem das Haar schneiden muß.

Das sind nun ausgefallene Beispiele von einem amerikanischen Händler mit einem extrovertierten Charakter. „So bin ich aber nicht", werden Sie einwenden. Aber wußten Sie denn, daß man mit dem Feilschen so viel verdienen kann, daß die Stundenlöhne so phantastisch sind, daß man verrückt wäre, wenn man es nicht täte?

Wenn Sie auf dem Flohmarkt eine hübsche Vase für DM 50,– sehen, können Sie doch mit einem Lächeln sagen: „Aber, Sie geben doch einem neuen (oder alten, je nachdem) Kunden sicherlich Nachlaß?" Die Chance, daß der Verkäufer Ihnen zehn Mark nachläßt, ist nicht gering. Diese Transaktion kostet 90 Sekunden, so daß Ihr Stundenlohn DM 4 000,– beträgt. Es kommt also darauf an, viel zu feilschen. Vor allem müssen Sie sich selbst darüber klar werden, was der angemessene Preis ist, für das, was Sie kaufen wollen. Wenn Sie mit einer klaren Vorstellung zu handeln beginnen, kann Ihnen wenig passieren. Und vergessen Sie nicht: Sie können jederzeit aufhören, Handeln verpflichtet nicht zum Kauf. Lediglich in einem Restaurant natürlich, denn da bekommen Sie Essen und Getränke, bevor Sie etwas bezahlen. Aber auch in einem Restaurant können Sie handeln, vor allem, wenn etwas mit dem Essen oder der Bedienung nicht in Ordnung war: Anläßlich eines Geburtstages gingen wir mit der ganzen Familie in ein bekanntes Restaurant in Den Haag essen. Aber irgend etwas stimmte nicht an diesem Abend. Wir mußten sehr lange auf jeden Gang des Essens warten, das Hauptgericht kam vor der Suppe und war kalt, und so ging es weiter. Nicht gerade festlich. Manche Gäste waren bereits böse weggegangen. Als der Ober die Rechnung brachte, sagten wir: „Die Rechnung stimmt nicht. Wir bezahlen den Wein und den Nachtisch, das einzige, was gut war." Der Ober entgegnete, daß das nicht möglich sei. Darum baten wir den Eigentümer an den

Tisch. Nachdem wir ihm erklärt hatten, um was es ging, war er bereit, auf unseren Vorschlag einzugehen, und bat auch noch um Entschuldigung. Dadurch, daß nicht genügend Personal in der Küche war, ging an diesem Abend tatsächlich nicht alles so, wie es sollte. Vom verdienten Geld leisteten wir uns alle eine große Portion Eis.

> **!** *Ein Handtuch um den heißen Topf gewickelt – und Ihre Kühlbox ist eine Kochkiste!*

Zeit – Freund oder Feind?

Ist eine Full-time-Arbeitsstelle eigentlich wirklich so schön, und haben wir das Geld wirklich nötig? Die eine Hälfte der Bevölkerung arbeitet sich kaputt, hat nie Zeit und weiß nicht, was sie mit ihrem Geld anfangen soll, während die andere Hälfte keine Arbeit hat, wenig ausgeben kann und sich langweilt. Warum kann Arbeit nicht anders und besser verteilt werden, so daß die Arbeitenden mehr Zeit zur Verfügung haben und die Arbeitslosen sich nicht zu langweilen brauchen? Dann würde nicht nur die Zeit, sondern auch das Geld, das man verdienen kann, besser verteilt werden. Geld und Zeit haben miteinander gemeinsam, daß der eine zu viel davon hat und der andere zu wenig. Leuten, die hart arbeiten und deren Arbeitswochen lang sind, fehlt es meist nicht an Geld, sondern an Zeit. Von Arbeitslosen, Kranken und Älteren hört man, daß sie nicht genügend Geld haben, daß sie die Zeit totschlagen müssen und sich langweilen. Sie sehen die Zeit als Feind, den man mit allen möglichen Mitteln bekämpfen muß.

Zeit ist ein seltsames Phänomen, man kann sie als Produkt betrachten, das man kaufen und verkaufen kann. Menschen, die nicht genügend Zeit haben, um etwas zu erledigen (beispielsweise: ihr Haus sauberzumachen) kaufen die Zeit eines anderen. Dieser andere erledigt das Saubermachen für einen bestimmten Lohn je Arbeitseinheit. Der Gedanke liegt so nahe, daß Leute, die viel Zeit haben, einen einträglichen Handel mit den Leuten betreiben, die zu wenig davon haben. Das stimmt aber nur zum Teil. Wenn man viel Zeit hat, sinkt der Preis, und wenn man wenig hat, steigt er. Die Zeit des einen Menschen ist mehr wert als die eines anderen, und das hängt natürlich von Wissen, Arbeitserfahrung und Alter ab, aber auch von Angebot und Nachfrage.

Ich hatte einmal einen Chef, der fand, daß ich jeden Tag den Kaffee zu machen hatte. Ich hatte genug zu tun und fand das sowieso keine sehr angenehme Tätigkeit. Sich mit dem Kaffeemachen abzuwechseln schien mir eine bessere Idee zu sein. Mein Arbeitgeber hatte zwar Verständnis für mich, aber er wollte nicht darauf eingehen. Er sagte, daß er selbst zuviel zu tun habe, seine kostbare Zeit konnte er dafür nicht vergeuden. Er sei dafür zu teuer!

Dieser Erfahrung folgten andere mit Urlaubsjobs, freiwilliger und bezahlter Arbeit, sowohl als Angestellte als auch selbständig. Manchmal stand ich auch auf der anderen Seite. Als Projektkoordinator stellte ich Menschen ein oder mußte sie entlassen, und ich war Vorgesetzte von freiwilligen Mitarbeitern. Ich lernte, die Rollen zu spielen, die jeweils zu diesen sehr unterschiedlichen Positionen gehörten. Ich stellte fest, daß es viel Widerstand gab und gibt gegen Arbeitszeiten, die von der Norm abweichen. Und Ganztagsarbeit ist noch immer die Norm, das Angebot an geeigneter Teilzeitarbeit ist klein, und das schränkt die Möglichkeiten ein. Wenn Sie – aus welchem Grund auch immer – weniger arbeiten wollen, können Sie zunächst full-time arbeiten und sich mehr oder weniger unersetzlich machen. Wenn Sie dann nach einiger Zeit fragen, ob Sie kürzer arbeiten könnten, und auch einen Vorschlag machen, wie dies organisatorisch zu verwirklichen ist, haben Sie eine gewisse Erfolgschance.

Zwar ist nicht jede Art der Arbeit dafür geeignet, aber es ist einen Versuch wert. Manchmal bietet sich eine Möglichkeit, die eigene Arbeitszeit zu verringern, sobald ein Kollege oder eine Kollegin länger arbeiten möchte. Wenn Sie zusammen mit einem gut durchdachten Vorschlag bei Ihrem Arbeitgeber erscheinen, haben Sie eine gute Erfolgschance.

 Stellen Sie eine Eieruhr neben das Telefon!

In einem Aufsatz, dessen Titel übersetzt *Arbeit, Zeit und Geld besser verteilen* lautet, beschrieb Raf Janssen 1992 das Phänomen „Zeitpioniere", Menschen, die das bestehende Verhältnis zwischen Arbeit und Leben ändern möchten. Der Begriff kommt aus Deutschland, wo eine Reihe von Soziologen die Erfahrungen von Menschen untersucht hat, die auf ausdrücklich freiwilliger Basis ihre Arbeitszeit verringert haben, um ihre Zeit freier einteilen zu können.

Zeitpioniere wollen mehr Zeit für sich selbst erwirtschaften, ohne im voraus genau zu wissen, was sie mit der freien Zeit anfangen wollen: Es bleibt freie, nicht verplante Zeit. Man verdient weniger, aber genug, um leben zu können. Materieller Wohlstand wird für einen Lebensstil von Zeitwohlstand eingetauscht. Zeit, die man mit anderen Menschen verbringen kann, um Kunst zu betrachten, Musik zu hören, zu essen und zu trinken. Zeitpioniere suchen nach einer Alternative für eine Gesellschaft, in der niemand Zeit hat und in der auch die freie Zeit zu einem großen Teil durch die Arbeit bestimmt wird. Geldverdienen macht nicht per Definition glücklicher, und immer mehr ist nicht gleichbedeutend mit immer besser.

Der Franzose Ingmar Granstedt hat ähnliche Ideen entwickelt. Er legt den Nachdruck auf die für Mensch und Umwelt positiven Effekte kürzeren Arbeitens. Es entsteht mehr freie Zeit für eine bessere Aufgabenverteilung im Haus und für die Umgebung. Den Geldausfall durch kürzere Arbeit kann man dadurch kompensieren, daß man selbst produziert, was man benötigt (Gemüse anbauen, Reparaturen ausführen usw.). Er hat Schemata erstellt, anhand derer man eine Full-time-Wochenarbeitszeit auf 32 Stunden und später auf 24 Stunden „zurückschrauben" kann.

Sparsam(er) zu leben ermöglicht es Ihnen, sich selbst mehr Zeit „freizugeben" oder bei Ihrem Arbeitgeber zu kaufen. Wenn Sie selbst Ihre Zeit einteilen können, hat das auch den Vorteil, daß Sie bestimmte Dinge zu günstigeren Zeiten erledigen können, zu denen andere Menschen arbeiten. Tagsüber einzukaufen ist angenehmer als kurz vor Ladenschluß, wenn die Büroangestellten Feierabend machen. Außerhalb der Saison ist Urlaub angenehmer und preiswerter. Zugfahren außerhalb der Hauptverkehrszeiten ist billiger. Es bleibt mehr Zeit, um selbst das Essen zuzubereiten, statt vorgekochte, geschnittene und gewaschene Lebensmittel zu verwenden, mehr Zeit für Hobbys und Basteleien im Haus.

Japan ist das reichste Land der Welt. Es verdankt seinen Wohlstand unter anderem der enormen Produktivität der Arbeitnehmer. Die Arbeitstage der Japaner sind für unsere Begriffe unvorstellbar lang. Außerdem ist es vollkommen normal, daß zwischen der Arbeitsstelle und dem Zuhause stundenlang in überfüllten Zügen gereist wird. Das Alltagsleben ist ein echtes „rat-race", mit wenig Privatleben und – im besten Falle – einer Woche Urlaub pro Jahr. Die Männer hängen zu Hause wie ausgepumpte Maikäfer im Stuhl, zu nichts mehr imstande. Der Ausdruck, daß harte Arbeit noch niemandem geschadet hat, stimmt dort absolut nicht. Viele Japaner sterben an ihrer Arbeitsstelle.

Bei uns gibt es solche extremen Situationen nicht, aber auch hier gibt es Workaholics, Menschen, die sozusagen nach Arbeit süchtig sind. Arbeitswochen von 60 und mehr Stunden kommen nicht selten vor, und nicht nur bei erfolgreichen Geschäftsleuten, die selbst ihre Zeit einteilen können. Frauen, die neben ihrer Berufstätigkeit ganz oder teilweise für die Betreuung und Erziehung von Kindern verantwortlich sind, können ein Wörtchen mitreden. Auf die Dauer sind die negativen Folgen nicht zu vermeiden: Streß, Krankheit, Schlaflosigkeit, schlecht geleistete Arbeit, gestörte Körperfunktionen oder kompensierendes Verhalten wie Naschen, Rauchen oder Trinken. Weniger Arbeit ist dann eine Lösung, ist jedoch nicht immer (sofort) möglich. Finden Sie heraus, ob Sie durch ein geändertes Ausgabeverhalten mit einem niedrigeren Einkommen auskommen können. Abgesehen davon gibt es vielleicht die Möglichkeit, Zeit für sich selbst zu schaffen, indem man sich Hilfe bei der Hausarbeit oder der Betreuung der Kinder leistet. Dann bleibt zwar etwas weniger Geld für neue Kleidung, Möbel oder Luxusgüter übrig, aber das Leben wird erträglicher und jemand anders verdient auch etwas. Zeit ist ein dehnbarer Begriff, und Relativierungsvermögen ist angebracht. Es gibt genügend Menschen, die immer in Eile sind und einen übervollen Terminkalender haben, aber die Zeit finden, jedes Jahr acht volle Wochen vor dem Fernsehgerät zu verbringen. Entscheiden Sie sich bewußt dafür, oder ist es ein Zeichen dafür, daß sie zu hart arbeiten und zu müde sind, um etwas anderes zu tun, als passiv vor der Röhre zu sitzen? Oder ist es so, daß sie gerne so beschäftigt sind, weil sie dadurch ein Gefühl der Bedeutung bekommen? Der bereits zitierte Granstedt sagt darüber folgendes: „Sich nicht abzuhetzen und zuzugeben, daß man Zeit hat, macht einen in der heutigen Arbeitswelt regelrecht verdächtig … Auf jeden Fall ist es für viele Leute ein Zeichen dafür, daß jemand offensichtlich in der Gesellschaft wenig bedeutsam ist." Es gibt auch andere Erfahrungen. Seit ich vor einem guten Jahr meine Stelle gekündigt habe, zähle ich mich selbst auch zu den Zeitpionieren. In meiner Umgebung gibt es genügend Menschen, die auf meine Lebensweise und die mir zur Verfügung stehende Zeit eifersüchtig sind. Sie erzählen mir seufzend, wie gerne sie mit mir tauschen würden. Wenn ich frage, warum sie das nicht tun, lautet die Antwort, daß sie aufgrund ihrer hohen Belastungen und Verpflichtungen nichts ändern können. Fast immer handelt es sich um ein teures Haus mit hoher Hypothek und ein teures Auto, woran man „gebunden" ist. Eins steht fest, sie wollen mit mir tauschen, aber ich nicht mit ihnen!

 Rechnen Sie nicht nur mit dem Pfennig!

Anders mit Geschenken umgehen

Geben ist seliger denn nehmen, aber gilt das auch für Geschenke? Wie oft passiert es nicht, daß wir im letzten Moment noch etwas für eine bestimmte Gelegenheit kaufen „müssen"? Wir haben nicht genügend Zeit, um in Ruhe einzukaufen, bestimmte Geschäfte sind gerade geschlossen oder zu weit entfernt. Man greift auf den wenig originellen Blumenstrauß zurück, verpackt in durchsichtiger Folie mit Schleifchen. Und wenn auch das Blumengeschäft bereits geschlossen ist, opfert man die Flasche Wein, die man eigentlich für eine besondere Gelegenheit aufbewahren wollte, für den guten Zweck. Der Zwang, immer wieder eine gute Idee zu haben und die Erwartungen zu erfüllen, macht das Schenken manchmal zur Last. Man kann doch nicht mit leeren Händen erscheinen? Man würde gerne etwas anderes, weniger Verpflichtendes, weniger Teures geben, aber man wagt es nicht. Es ist vielleicht schön, einmal etwas anderes als die üblichen Geschenke zu geben, aber es erfordert Mut, obwohl jeder weiß, daß viele der „tollen" Geschenke innerhalb kürzester Zeit ganz hinten im Schrank stehen und schließlich beim Roten Kreuz landen.

Als mir einmal klar war, daß ich jährlich Unsummen für Geschenke ausgab, obwohl ich das eigentlich gar nicht wollte, begann ich, es anders zu machen. Eine einfache Rechnung half mir dabei: Für ein Geschenk gab ich durchschnittlich ungefähr fünf bis zehn Gulden aus, bei Familienmitgliedern deutlich mehr. Ich multiplizierte diesen Betrag mit der Anzahl Geschenke, die ich jedes Jahr machte, und kam auf eine Summe von mehr als 1000 Gulden.

Die Häufigkeit, mit der man Geschenke macht, ist bei jedem anders, aber meist kommt dafür eine ordentliche Summe zusammen. Wir denken kaum darüber nach, wie oft es etwas zu feiern gibt, zum Beispiel die Geburtstage innerhalb der Familie, von Freunden, Bekannten und Kollegen.

Auch wenn man jemanden besucht, zum Essen eingeladen ist oder bei Freunden übernachtet, bringt man etwas mit.

Im eigenen Haus darf man – wenn man keinen Krach riskieren will – den Hochzeitstag nicht vergessen oder den Tag, an dem man einander zum erstenmal begegnete.

Im Dezember eifern in den Niederlanden Sankt Nikolaus und Weihnachten um die Gunst der Geschenkkäufer, aber in vielen Familien wird auch beides gefeiert.

Dann herrscht einen Monat lang Ruhe, und am 14. Februar muß man schon wieder zum Valentinstag Blumen schenken oder wenigstens eine Karte schicken.

Die Aufzählung alleine macht mich schon müde, obwohl sie noch lange nicht komplett ist. Wie ist es mit Muttertag, Vatertag, dem „Tag des Tieres" und „Großelterntag"? In willkürlicher Reihenfolge ziehen ein Stück Wurst, eine Schachtel Zigarren, eine praktische Lupe und ein Schneebesen vor meinem inneren Auge vorbei. Und dann gibt es natürlich noch viele andere Feste: Examensfeiern, Jubiläen, Pensionierungen, Geburten und Hochzeiten. Sogar wenn jemand stirbt, schenken wir ihm noch einen Blumenstrauß, aber das ist noch lange nicht alles. Auf dem Grab ist noch jahrelang Platz für Blumen und Pflanzen. In anderen Ländern bringt man dem Verblichenen sogar Kerzen oder Essen und Getränke. Schenken ist ein viel gepflegter Brauch, der angenehme und weniger angenehme Seiten hat. Es macht Spaß, wenn man jemanden wirklich verwöhnen möchte, wenn es um eine spontane Geste geht oder um eine originelle Idee. Keinen Spaß macht es, wenn Schenken eine bedeutungslose Geste ist, einfach, weil man es eben tut. Wenn Sie feststellen, daß Sie zu seufzen beginnen, weil es „wieder einmal soweit ist", und Sie feststellen, wieviel Geld Sie für Schnickschnack ausgeben, ist es Zeit für eine Neubesinnung. Für Geschenke gilt, daß „teuer" nicht unbedingt besser oder hübscher ist. Das Sprichwort, das besagt, daß kleine Geschenke die Freundschaft erhalten, sagt mehr als tausend Worte. Große Geschenke dagegen können sogar argwöhnisch machen: Was will der denn von mir, hat der vielleicht was gutzumachen? Oder der Empfänger bekommt das Gefühl, daß er ein solches Geschenk beim nächstenmal womöglich noch übertreffen muß.

Weniger ist mehr, und sogar noch schöner. Wenn Sie ausgerechnet haben, wie oft und für welche Summe Sie jedes Jahr Geschenke kaufen, wird Ihre Motivation, etwas zu ändern, wahrscheinlich größer. 40 Geschenke für Erwachsene und 30 für Kinder sind durchaus normal. Zählen Sie alleine einmal, zu wie vielen Geburtstagsfeiern Ihre Kinder gehen. Oder sind es sogar noch mehr? Fangen wir mit den Kindern an. Nehmen Sie sich die Zeit, beizeiten einen Vorrat anzulegen, so daß Sie nicht immer im letzten Moment etwas kaufen müssen. Wenn Sie keine Zeit haben, kaufen Sie eher etwas Teures, weil Sie nicht die Zeit haben, lange zu suchen. Kaufen Sie im modernen Antiquariat hübsche Kinderbücher, im Kaufhaus günstig Filzstifte oder Spiele. In chinesischen Geschäften kann man für wenig Geld originelle Dinge finden. Legen Sie alles (unverpackt) in einen großen Karton, und lassen Sie Ihre Kinder etwas aussuchen, bevor sie zu einer Geburtstagsfeier gehen. Packen Sie es dann hübsch in Papier ein, das Sie dafür aufbewahrt haben, oder kaufen Sie extra eine Rolle Papier, dann sieht das Geschenk genauso aus wie die Dinge, die extra für diesen Anlaß gekauft wurden. Während Sie normalerweise zehn Mark für ein Geschenk ausgeben müssen, können Sie mit dieser Taktik sicher die Hälfte sparen. Ein anderer Vorteil ist, daß Geschenke, die Ihr Kind erhält und die ihm nicht gefallen oder die es bereits hat, gegen ein Geschenk aus der Vorratskiste getauscht werden können.

Ein Kind, das bei Ihnen zu Besuch ist, muß nicht unbedingt jedesmal ein Geschenk bekommen oder in einen teuren Freizeitpark geführt werden. Es macht mindestens genausoviel Spaß, zusammen etwas zu backen, das ist lustig, lehrsam und schmeckt gut.

! *Leiden Sie unter kalten Füßen? Eine Wärmflasche ist billiger als eine Heizdecke!*

Dann kommen die Geschenke für Erwachsene an die Reihe. Auch dafür ist ein Vorrat praktisch. Bringen Sie gerne eine Flasche Wein mit, wenn Sie irgendwo zum Essen eingeladen sind? Wählen Sie einen guten Wein, der nicht allzu teuer ist, und kaufen Sie einen größeren Vorrat. Auch wenn ein Wein nicht im Angebot ist, können Sie um einen Nachlaß für eine größere Menge bitten. Erbitten Sie bei Geschenken das Papier lose dazu, und verpacken Sie sie erst, wenn es soweit ist, sonst vergessen Sie, was sich in der Verpackung verbirgt. Andere Geschenke, die aufbewahrt werden können, wie Seife oder Briefpapier, kaufen Sie, wenn Sie sie irgendwo zufällig günstig sehen.

Das alles ist noch nicht aufsehenerregend. Wir sparen Geld (und Zeit), aber ansonsten bleibt alles beim alten. Früher kostete der Wein, den wir verschenkten, vielleicht zehn Mark und nun sechs Mark oder weniger. Also gehen wir einen Schritt weiter. Statt eines Gegenstands verschenken wir eine Dienstleistung (natürlich nur, wenn Sie Zeit und Lust dazu haben). Jungen Eltern geben wir einen Gutschein für einen Abend Babysitting oder eine Stunde bügeln. Jemand, der alleine wohnt und nicht gerne kocht, bekommt einen Gutschein, der gegen einen großen Topf Erbsensuppe oder ein anderes Gericht, dessen Zubereitung sich für eine Person eigentlich nicht lohnt, eingelöst werden kann. Ein überlasteter Gartenbesitzer bekommt einen Gutschein fürs Rasenmähen.

 Machen Sie immer einen Einkaufszettel, und halten Sie sich strikt daran!

Ihren Ideen sind keine Grenzen gesetzt. Wenn Sie jemanden gut kennen, wissen Sie wahrscheinlich, womit Sie ihm oder ihr einen Gefallen tun. Wollen Sie etwas Größeres schenken (zum Beispiel zur Geburt eines Kindes), geben Sie eine Serie Gutscheine, also nicht einmal Babysitten, sondern fünfmal. Solche Gutscheine oder Karten kann man selbst entwerfen und zeichnen und festlich gestalten. Der Erfolg ist Ihnen sicher.

Eine ganz andere Idee ist es, für wenig Geld selbst Geschenke zu machen. Eine Bekannte kauft auf dem Krammarkt einzelne Gläser (zu 50 Pfennig das Stück) und graviert Initialen hinein. Sie macht aus Zigarrenkistchen hübsche Döschen (zum Beispiel für Zettel beim Telefon), indem Sie sie mit Illustrationen aus alten Kunstkalendern beklebt. Jemand, der den berühmten „grünen Daumen" hat, verschenkt Ableger von Zimmerpflanzen oder sammelt Blütensamen im Garten und verpackt ihn in kleine Päckchen. Auch Pflanzen aus dem eigenen Garten kann man verschenken. Meine eigenen Geschenke kommen zum Teil vom Flohmarkt (vor kurzem drei hübsche Krawatten für 1 Gulden das Stück), oft findet man dort recht hübsche Dinge. Auch ein Garten kann zum Geschenkelieferanten werden, dort findet man genügend Blumen, Gemüse und Obst zum Verschenken. Von Trauben machte ich letztes Jahr Traubenmarmelade, aus Meerrettich wurde Meerrettichaufstrich, und die Zierkürbisse brauchte ich nur abzuschneiden.

82

Nicht jeder hat einen Garten oder Finger, die geschickt basteln können, was ihrem Besitzer vorschwebt, aber es gibt ja so viele andere Möglichkeiten, ein schönes Geschenk zu machen: Jemandem, der im Krankenhaus liegt, können Sie Ansichtskarten und Briefmarken mitbringen, einen herzhaften Salat (mit Serviette und Besteck) oder einige Ihrer eigenen Bücher. Kindern geben Sie statt teurer Snacks aus der Snackbar mit dem Taschengeld Gutscheine, die gegen selbstgemachte Pommes frites, hauseigenes Popcorn oder Pfannkuchen à la Maison eingetauscht werden können. Dann können die Kinder selbst entscheiden, wann sie die Gutscheine einlösen und auch andere mitgenießen lassen. Eine Freundin machte während ihrer armen Studentenzeit selbst Kräuteressig, die Kosten betrugen eineinhalb Gulden pro Literflasche, der Wert lag viele Male höher. Suchen Sie sich ein solches Rezept, und machen Sie gleich 10 oder 20 Flaschen. Verwenden Sie Kräuter und fürs Auge eine Blüte (Veilchen oder Schnittlauch) oder eine rote Chilischote.

Es gibt auch witzige Beispiele von Menschen, die einander ein sogenanntes „Wiederholungsgeschenk" geben. Eine Freundin erzählte mir, daß an ihrer Arbeitsstelle jahrelang der gleiche gräßliche Plastikaktus verschenkt wurde. Anläßlich eines Geburtstages wurde er prächtig verpackt und unter allgemeinem Gelächter feierlich überreicht.

In armen Familien schenkte man sich früher immer wieder das gleiche festlich verpackte Stück Seife. Für Luxus war kein Geld da, und es ging schließlich um die Geste. Zu diesem Thema gibt es noch mehr Variationen. Zwei Brüder schenkten einander jahrelang einen Umschlag mit Geld. Jahrelang war das ein 25-Gulden-Schein. Schließlich vereinbarten Sie, den Schein einfach zu behalten, und unter lautem Gelächter überreichen sie sich nun leere Briefumschläge. Ab und zu bekommt man ein Geschenk, wobei der Schenkende ehrlich zugibt, daß er oder sie es von einem anderen bekommen hat und es nun weitergibt. Ein solches Geschenk können Sie dann auch wieder weitergeben. Bücher eignen sich ausgezeichnet dafür. Merken Sie sich aber, von wem Sie was bekommen haben, um Blamagen zu vermeiden. Ich habe eigens eine Geschenkkiste, in der ich alles verschwinden lasse, um dann zu besonderen Anlässen etwas darin zu suchen. Manchmal lasse ich Freunde oder Bekannte etwas aus dieser Kiste aussuchen. Die meisten mögen das, und es entstehen oft interessante Gespräche über die Herkunft bestimmter Gegenstände. Von einem Schriftsteller hörte ich, daß er auf dem Dachboden ein Geschäft mit Dingen eingerichtet hat, die er sammelt oder findet. Jeder

der ihn besucht, darf sich etwas aussuchen und mitnehmen. Manchmal dauert es recht lange, bis die Auswahl getroffen ist, denn man findet dort alles mögliche: Schallplatten, Bücher, Hausrat usw. Er bat uns um einen Gefallen, und zum Dank dürfen wir bei der nächsten Gelegenheit zwei Geschenke in seinem Geschäft aussuchen. Bei einer Gabe geht es nicht um den Betrag, den sie kostet, sondern um die Geste, um die Absicht, die dahintersteht. Das beweist eine Kurzge-

schichte von O'Henry. Sie handelt von einem bettelarmen jungen Ehepaar. Sie hatte prächtiges langes Haar, und er besaß eine Taschenuhr (sein einziger ererbter Reichtum). Jeder kannte den größten Wunsch des anderen: Die junge Frau hätte gerne eine hübsche Haarspange, der Mann eine Uhrkette gehabt. Am Hochzeitstag schenkte sie ihm eine wunderschöne Uhrkette, und er hatte irgendwie eine hübsche Haarspange ergattert. Aber wie war das möglich gewesen? Dann mußten beide beichten: Sie hatte ihr Haar einem Perückenmacher verkauft und er seine Uhr einem Trödler. Wenn das nicht die wahre Liebe ist …

! *Einmal pro Woche ist Restetag!*

Wer den Pfennig nicht ehrt ...!

Vor allem, wenn Sie überdurchschnittlich verdienen, ist Konsumverringerung anfänglich einfach. Ohne komplizierte Rechenaufgaben oder tiefschürfende ergonomische Studien können Sie, wenn es Ihnen Ernst damit ist, großen finanziellen Erfolg erzielen. Nach den motivierenden Erfolgen der Anfangsperiode kommt eine andere Phase, in der Sie sich wirklich anstrengen müssen, aber die Gewinnchancen sind genauso groß. Vor 20 Jahren habe ich mein Auto abgeschafft, nicht aus finanziellen Gründen oder aus Sorge um die Umwelt. Ich hatte einige kleinere Unfälle gehabt und hatte das Autofahren schlicht und einfach satt. Auf der Autobahn stellte ich immer öfter fest, daß ich mich nicht aufs Fahren konzentrieren konnte, und dann ist es Zeit, sich nach einem Verkehrsmittel mit Chauffeur umzusehen.

Für die erste Nummer der *Vrekkenkrant* habe ich errechnet, was mir das in zehn Jahren gebracht hat. Das Auto hätte mich sicher 600 Gulden pro Monat gekostet, zuzüglich 35 Gulden für den öffentlichen Nahverkehr und Taxis, denn auch ein Autobesitzer muß davon ab und zu Gebrauch machen. Innerhalb von zehn Jahren kommt man dadurch auf 76 200 Gulden. Die Jahreskarte für die öffentlichen Verkehrsmittel kostet mich durchschnittlich 300 Gulden pro Monat, mit Kosten für gelegentliche Automiete und Taxifahrten komme ich auf insgesamt 44 000 Gulden in zehn Jahren. Somit ergibt sich ein Gewinn von 32 000 Gulden. Und dabei ist noch nicht berücksichtigt, daß auch meine Frau und Kinder viel Geld sparten, da auch sie Jahreskarten für die öffentlichen Verkehrsmittel hatten und unabhängig von mir reisen konnten. Als größten Gewinn betrachte ich es übrigens, daß ich jetzt in Ruhe Zeitung lesend an meinen Zielort gelange, daß Staus mich nicht kümmern und daß ich mein Auto weder zu parken noch zu waschen brauche. Aber solche großen Posten kann man nur sporadisch und oft sogar nur einmal sparen. Als ich wieder einmal felsenfest von den Vorteilen des Geizkragentums überzeugt war, fielen mir noch ein paar Posten ein. Ich kündigte die meisten Abonnements, womit ich jährlich 1000 Gulden spare. Weniger außer Haus zu essen brachte mir 2000 Gulden jährlich ein, und dadurch, daß ich für mein Mittagessen Brote mitnahm, statt etwas zu kaufen, kam ich auf weitere 1500 Gulden jährlich. So verdiente ich ganz einfach 5000 Gulden pro Jahr, ich brauchte nämlich nichts zu tun, sondern nur etliches sein zu lassen. Aber damit wird man natürlich noch kein echter Geizhals. Zum ersten Male wurden mir die Möglichkeiten des Sparens im kleinen bewußt, als wir ausrechneten, was es uns bringen würde, wenn wir 40 Jahre lang statt Teebeuteln ein Tee-Ei benutzten. 1992 rechneten wir aus, daß das für uns beide zusammen eine Einsparung von 1226 Gulden bedeuten würde. Inzwischen wissen wir übrigens, daß der Gewinn noch größer ist, weil wir bei unserer Berechnung von einem Preis von 1,49 Gulden pro 100 g Pickwick Melange ausgingen, während wir inzwischen für 85 Cent pro 100 g ausgezeichneten Tee kaufen können, so daß unser Gewinn sich auf 1635 Gulden erhöht hat. „Klein" ist übrigens ein relativer Begriff. Was ich vor zwei Jahren noch für „Peanuts" hielt, ist inzwischen zur täglichen Gewohnheit geworden, und die „Peanuts" von heute sind so klein, daß ich sie vor zwei Jahren überhaupt noch nicht sah.

! *Durch neue Etiketten sind sowohl Ansichtskarten als auch Umschläge mehrere Male zu benutzen.*

Nach den ersten spektakulären Erfolgen müssen Sie die weiteren Gewinnmöglichkeiten regelrecht aufspüren. Für mich war das vor allem beim Einkaufen der Fall, obwohl ich mir dessen zunächst gar nicht bewußt war. Glücklicherweise – so weiß ich heute – erledigte meine Frau die meisten Einkäufe. Wenn ich in der halben Stunde nach meiner Arbeit und vor Geschäftsschluß noch schnell etwas einkaufte, tat ich das immer in kleineren Geschäften, die auf meinem Nachhauseweg lagen. Ich kaufte, was mir gefiel oder was ich als erstes sah. Und das ist teuer. Außerdem war ich oft so müde und fühlte mich durch die viele Arbeit so geschlaucht, daß ich fand, daß ich mich mit geschälten Kartoffeln oder fix und fertigen Salaten oder Gemüse belohnen durfte. Jetzt nehme ich mir mehr Zeit für die Einkäufe (arbeite dabei weniger) und spare Dutzende von Gulden pro Woche.

Einkaufszettel sind dabei eine große Hilfe, und es gilt, die wöchentlichen Angebote zu beachten und nach preiswertem Obst und Gemüse Ausschau zu halten. Mit einem Preisbuch, einer Erfindung von Amy Dacyczyn, kommen Sie noch ein Stück weiter. Obwohl ein durchschnittlicher Supermarkt ein Sortiment von mehr als 10 000 Artikeln hat, kauft eine durchschnittliche Familie oft nicht mehr als 100 davon. Dadurch, daß Sie die Preise und das Gewicht dieser Artikel in den verschiedenen Geschäften in Ihrer Umgebung vergleichen, können Sie in kleinen Schritten vorgehen. Das Interessante dabei ist, daß ich jedes Mal, wenn ich die allerniedrigsten Preise entdeckt zu haben glaube, immer noch günstigere Möglichkeiten entdecke.

Ich esse gerne Plätzchen, und dabei kann man viel sparen. Nicht dadurch, daß ich sie nicht kaufe, das geht mir zu weit.

> **!** *Mit Hackfleisch haben Sie mehr Variationsmöglichkeiten als mit Steak!*

Wirklich gute Plätzchen vom Konditor kaufe ich nur zu ganz speziellen Gelegenheiten, und dann schmecken sie mir besonders gut. Ansonsten kaufte ich meist Kekse für rund zwei Gulden pro Rolle. Und ich fand mich selbst äußerst sparsam. In dem Preisbuch, das meist meine Frau führt, läßt sich aber feststellen, daß sie bereits seit langem Teebiskuits für 55 Cent pro Rolle kauft, die genauso gut schmecken wie „meine" Kekse für zwei Gulden. Alleine bei Keksen spart man also pro Jahr 150 Gulden.

Und das ist eigentlich die wichtigste Entdeckung: Ein großer Erfolg gelingt Ihnen nur einige wenige Male, aber kleine Sparmöglichkeiten gibt es zu Dutzenden, und Sie können Sie viele Male jährlich nutzen. Dieser Additionseffekt ist seit langem bekannt. Viele Pfennige ergeben eine Mark, und zehn unausgekratzte Eier entsprechen einem ganzen. Dazu kommt noch, daß Sie durch all die kleinen Dinge viel aufmerksamer werden und bleiben. Durch große Einsparungen kommt es bei mir zu einem „Jetzt hab ich genug gespart, jetzt kann ich mir wieder etwas gönnen"-Effekt. Bei kleinen Einsparungen ist es genau umgekehrt, wenn Sie sich täglich damit beschäftigen, geht es Ihnen langsam in Fleisch und Blut über. Alle diese kleinen Einsparungen bilden – wortwörtlich – ein kostbares Kapital, das Ihnen niemand mehr wegnimmt.

Wir erhalten viele Reaktionen von Menschen, die uns fragen, ob das Ganze nicht zur Besessenheit führt und uns unser Leben vergällt. Eigentlich ist es komisch, daß wir Leute, die täglich für einen Sport trainieren und dadurch ihre Kondition erhalten, beneiden und bewundern, aber konstant sparsames Verhalten lediglich als lächerlich ansehen. Ich betrachte diese Art von Sparsamkeit als Sport und als eine Form von Konditionstraining für meine grauen Zellen, die Aufmerksamkeit meiner Augen, die Kontrolle über meinen ersten Impuls. Genau wie ein Langläufer oder Schlittschuhläufer bestimme ich größtenteils mein Tempo im Kurs. Ich fühle mich ausgezeichnet und bekomme eine immer bessere Kondition. Und ich möchte gewinnen, genau wie in jedem anderen Sport. Daß andere dies so negativ sehen, begreife ich durchaus. Auch ich selbst verhielt mich ja jahrelang so. Und genau wie im Spitzensport gibt es viel zu verdienen, vielleicht sogar mehr. Der Stundenlohn eines Geizhalses ist kaum zu überbieten. So hat mir die Tee-Ei-Rechnung, die nicht länger als eine knappe halbe Stunde dauerte, rund 800 Gulden gebracht, das sind also 1600 Gulden pro Stunde. Fast automatisch lenken Sie so Ihre Aufmerksamkeit auf Kleinigkeiten – auch in Ihrem eigenen Verhalten. Viele meiner Gewohnheiten waren verschwenderisch, ohne daß ich mir dessen bewußt war. Und auch dabei entwickelt man sich immer weiter. Von großen zu kleineren Streichhölzern, danach zur Wiederverwendung von Streichhölzern mit als vorläufigem Höhepunkt der Verwendung von elektronischen Anzündern oder gefundenen Wegwerffeuerzeugen zum Anzünden des Gases, von Kerzen etc. Obwohl die Einsparung nur klein ist, denke ich dann: Mich kostet das überhaupt nichts mehr. Es kostet natürlich einiges Nachdenken, herauszufinden, wann der richtige Moment ist, das Gas unter dem Topf oder dem Wasserkessel auszuschalten. Und es ist durchaus sinnvoll, mit mathematischer Präzision zu errechnen, ob die Flamme sich genau unter der Topfmitte befindet und ob sie nicht zu hoch steht.

Eine meiner neuesten Entdeckungen ist, daß ich die Butter oder die Wurst am besten so schnell wie möglich in den Kühlschrank zurückstelle. Je länger sie draußen stehen, um so wärmer werden sie und um so mehr Energie ist nötig, sie wieder abzukühlen. Das ist mit wenig Mühe verbunden, Sie haben auch nicht weniger Butter oder Wurst auf dem Brot, verbrauchen aber weniger Elektrizität, also weniger CO_2, NO_x und vieles mehr.

Auch das Händewaschen ist ein interessantes Studienobjekt. Öffentliche Toiletten sind ausgezeichnet geeignet, um festzustellen, wie die meisten Menschen sich ihre Hände waschen. Erst wird der Hahn geöffnet, dann die Seife genommen und unter fließendem Wasser werden die Hände gewaschen. Vor allem das Einseifen unter fließendem Wasser ist natürlich völlig ineffizient. Aber auch ich habe es 40 Jahre lang so gemacht, obwohl es anders geht! Ärzte, die Experten im Reinigen und Desinfizieren ihrer Hände sind, können es Ihnen zeigen: Öffnen Sie kurz den Hahn, und befeuchten Sie Ihre Hände mit wenig Wasser. Dann nehmen Sie etwas Seife (viel weniger als Sie bisher genommen haben) und seifen Ihre Hände gründlich ein. Öffnen Sie den Hahn wieder, und spülen Sie Ihre Hände gut ab. So verbrauchen Sie weniger Seife, weniger Wasser und haben sauberere Hände. Sich unter der strömenden Dusche einzuseifen ist auch vollkommen absurd.

Und damit sind wir noch lange nicht am Ende. Seit meine Frau und ich seit einigen Monaten über sämtliche Einkäufe minutiös Buch führen, machen wir regelmäßig größere und kleinere Entdeckungen.

> **!** *Verschieben Sie auf morgen, was Sie nicht unbedingt heute kaufen müssen!*

Erziehung will gelernt sein!

Sie selbst sind überzeugt davon, daß es sinnvoll wäre, Ihren Konsum einzuschränken, aber Ihr Partner hat keinerlei Interesse an dem ganzen Getue. Alles geht doch gut, warum sollte er oder sie sich über die paar Pfennige aufregen?

Wissen Sie nicht, wie Sie ihn oder sie überzeugen können? Er oder sie widersetzt sich allen Versuchen zur Verhaltensänderung? Denken Sie manchmal mit Wehmut an die Erzählungen Ihrer Eltern? Die Mutter verwaltete das Haushaltsgeld, und der Vater bekam wöchentlich Taschengeld für kleinere Ausgaben. Ihre Mutter war – was das Geld betraf – selbständig. Sie war niemandem Rechenschaft schuldig und profitierte direkt von ihrer eigenen Sparsamkeit.

Heutzutage ist das anders. Ein Mann, der Taschengeld bekommt, wird als Schwächling angesehen, der unter dem Pantoffel steht. Normalerweise gibt es gottlob auch keine finanziellen Gründe mehr, um den Vater kurzzuhalten. Das Geld, das ein oder beide Ehepartner verdienen, geht normalerweise in einen gemeinsamen Topf, aus dem alle Ausgaben bestritten werden. Beide können über das Bankkonto verfügen oder haben ein eigenes Konto, von dem – je nach Vereinbarung – ein bestimmter Teil der festen Kosten und anderes bezahlt wird. Selten wird das Budget im voraus geplant, und das Kindergeld wird genutzt, um unvorhergesehene Ausgaben zu bestreiten. Wenn der Kontostand einmal rot ist, ist das das Signal, kurzfristig etwas kürzerzutreten. Wenn man alleine wohnt und seinen Konsum verringern möchte, braucht man niemanden zu fragen. Man muß sich nicht über die Ausgaben einigen, bei denen man sparen möchte, und unangenehme Diskussionen sind nicht erforderlich. In einer Lebensgemeinschaft sollte man erst zu einer gewissen Übereinstimmung kommen, sonst hat das wenig Sinn. Es besteht die Gefahr, daß man aneinander vorbei handelt, daß der eine beinahe automatisch verschwendet, was der andere eingespart hat. Vom Geld, das Anni spart, indem sie mit dem Rad statt mit dem Auto fährt, kauft Peter ein weiteres Computerspiel. Franz macht morgens Butterbrote, um in der Mittagspause nicht in der Kantine essen zu müssen und verdient damit Hunderte von Mark pro Jahr. Dieser Extraspielraum wird sofort von Marianne genutzt, um für sich und die Kinder teurere Kleidung zu kaufen. Weshalb sollte man sich also anstrengen, wenn man damit doch nichts erreicht?

Es ist natürlich nicht einfach, angestammte Verhaltensmuster zu durchbrechen, aber es ist durchaus möglich. Voraussetzung ist, daß Sie einsehen, daß es in der Tat um feste Gewohnheiten geht. Ein Bekannter erzählte mir, daß er schon lange das Gefühl hat, nur noch für die fixen Kosten zu arbeiten, für die angenehmen Dinge im Leben bleibt ihm nichts übrig. Auf seinem Schreibtisch liegt schon wieder ein Stapel Rechnungen, die er von dem Gehalt bezahlen muß, das er in diesem Monat erst noch verdienen muß. Er hat das Gefühl, von der Situation beherrscht zu werden, und hat die Übersicht verloren. Wohin das Geld verschwindet, ist ihm ein Rätsel. Er ist sich nicht bewußt, daß die „Lecks" unter anderem durch eine Reihe elektrischer Radiatoren entstehen, die im Winter Tag und Nacht bestimmte Teile des Hauses zusätzlich heizen.

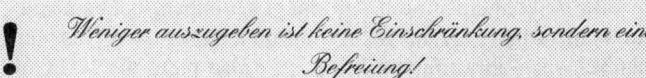

! *Weniger auszugeben ist keine Einschränkung, sondern eine Befreiung!*

Elektrische Radiatoren verschlingen Energie und Geld. Wärme, die aus Elektrizität gewonnen wird, kostet beinahe dreimal soviel wie Wärme, die aus Gas gewonnen wird. Ein solches „Leck" können Sie aufspüren, wenn Sie alle festen Kosten, zum Beispiel für Wasser, Elektrizität und Telefon, mit den dafür errechneten Durchschnittskosten vergleichen. Das Statistische Bundesamt in Bonn und die Verbraucherverbände erteilen Informationen über die durchschnittliche Höhe bestimmter Ausgaben und sind als Informationsquelle über jeden Verdacht erhaben. Das ist eine „sichere" Methode, solche besonders hohen Kosten aufzuspüren und sich einmal Gedanken darüber zu machen. Zur Zeit kümmert sich mein klagender Bekannter absolut nicht um die Bemerkungen seiner Frau über teure Öfen, er sieht sie als Gemecker an. Vielleicht denkt er sogar: „Ich habe nicht mal Geld für teure Hobbys und Luxus, und jetzt soll ich sogar noch an so elementaren Dingen wie der Heizung sparen? Das geht zu weit."

Der Anknüpfungspunkt für ein Gespräch über diese Dinge ist die geäußerte Unzufriedenheit: „Wo bleibt mein Geld? Wofür arbeite ich eigentlich?" Wenn das verknüpft werden kann mit dem Wunsch, etwas zu ändern: „Ich hätte gerne etwas mehr Geld für mein Hobby zur Verfügung" und der Bereitschaft, selbst etwas zu tun, wie etwa die Kosten im Haushalt mit denen zu vergleichen, die vom Statistischen Bundesamt angegeben werden, dann haben Sie bereits wichtige Schritte unternommen.

Manchmal will man den unangenehmen Tatsachen einfach nicht ins Auge sehen. Zu meiner Schande muß ich zugeben, daß ich auch aus Bequemlichkeit jahrelang auf der Idee beharrte, daß es nicht viel bringen würde, mit dem Fahrrad zum Bahnhof zu fahren, weil die bewachte Aufbewahrung dort ungefähr so teuer sein würde wie die Straßenbahn. Irgendwann erzählte ich dies meinem Mann, nachdem er mich dazu überredet hatte, einmal zum Bahnhof zu radeln. Ich stöhnte: „Ach, wie kalt das ist, säße ich doch in der Straßenbahn. Wenn das Fahrradfahren wenigstens noch etwas brächte, aber ich spare ja nichts dadurch." Mit einer einfachen Rechnung überzeugte er mich dann davon, daß das nicht stimmt. Das Abstellen des Fahrrades kostet pro Tag 1,75 Gulden, die Straßenbahn hin und zurück 2,88 Gulden. Gewinn pro Tag: 1,33 Gulden. Offensichtlich hatte ich lieber nicht exakt gerechnet, um ein Argument zu haben, bequem mit der Straßenbahn zu fahren. Zum Bahnhof muß ich etwa zwei- bis viermal pro Woche, das Fahrradfahren bringt mir also mehr als 100 Gulden pro Jahr. Ich kann also aufgrund korrekter Informationen einfacher zu einer Entscheidung gelangen. Bei wirklich schlechtem Wetter nehme ich die Straßenbahn, wenn das Wetter nicht schlecht oder sogar gut ist (das kommt auch vor), radle ich.

Ein älterer Mann, der selbst voller Enthusiasmus zu sparen begann, bekam von seiner Frau keine Unterstützung. Er schrieb uns: „Wie ich meine Frau überredet habe, mitzumachen? Ich habe mit ihr geredet, und hoffte, sie würde mitmachen. Es ist natürlich nicht einfach, jemanden durch Reden zu überzeugen. Es wurde einfach nichts Rechtes daraus. Also gab ich all das Geld, das ich spare, meiner Frau. Und inzwischen geht es um ordentliche Beträge. Was sie damit tut? Es bleibt auf jeden Fall in der Familie." Das ist eine großzügige Lösung, aber nicht jeder denkt so. Sparen macht vielen nur dann Spaß und ist nur durchzuhalten, wenn es ihnen selbst Vorteile bringt. Ein (Ehe-) Paar sollte lieber vereinbaren, was mit dem „Gewinn" passiert. Sparen Sie für ein eigenes Haus, für den Urlaub, für eine vorzeitige Pensionierung, das sind typische gemeinsame Ziele.

> **!** *Statt Kragen und Manschetten zu versetzen, können Sie auch das ganze Hemd umdrehen!*

Ein Paar, das lieber immer alles ausgibt, bis der Saldo rot ist, kann das auch weiterhin tun. Denn der Betrag, den es – mit einiger Mühe – spart, wird automatisch im voraus vom Gehaltskonto auf ein Sparkonto umgebucht. Falls man sich über die Verwendung nicht einig wird, bekommt jeder die Hälfte auf sein eigenes Sparkonto. Warten auf das, was am Monatsende übrig ist, gelingt nicht, deshalb muß man sich selbst überlisten.

Wenn Sie jemanden dazu überreden wollen, sparsamer zu sein, erzielen Sie die größte Wirkung, wenn derjenige selbst davon profitiert. Das Gefühl, daß das Geld in einem „bodenlosen Loch" verschwindet, darf nicht aufkommen, man muß die Sicherheit haben, daß man Profit macht.

Achten Sie einmal darauf, wie (gute) Schuldensanierer arbeiten, die anderen aus ihren Schulden helfen. Sie haben entdeckt, weshalb Leute mit Schulden schlecht zum Sparen zu überreden sind, alles, was sie sparen, geht doch an Gläubiger oder Banken. Das Problem ist erkannt, und gutes Verhalten (sparsamer zu leben, wieder zu arbeiten, statt Arbeitslosengeld zu beziehen) wird belohnt, so daß die Leute etwas für Ihre eigenen Belange behalten können und nicht alles an die Gläubiger geht. Mit diesen werden Regelungen getroffen, und manchmal wird sogar ein Teil der Schuld erlassen und der Rest kann in Raten abbezahlt werden.

Wie verhält man sich nun aber in den ganz schwierigen Fällen, bei einem Partner, den das alles nicht interessiert, der tut, als ob es ihn nichts anginge? Für diese Fälle gibt es eine Spezialbehandlung. Wir tun so, als ob das Thema erledigt wäre, und gehen taktisch vor. Wir sparen, aber sprechen absolut nicht (mehr) darüber.

> **!** *Einkaufen im eigenen Schrank ist überraschend und preiswert!*

Wir kaufen andere, billigere Produkte, ändern unser Ausgabenverhalten und tun so, als ob sich überhaupt nichts geändert habe. Das gesparte Geld kommt auf ein eigenes Konto oder in einen „Geheimtopf". Warten Sie auf einen günstigen Moment, um etwas damit zu unternehmen. Spendieren Sie der gesamten Familie einen Abend außer Haus. Wenn das sonst nie vorkommt, weil kein Geld dafür da ist, ist es besonders schön. Gehen Sie zum Essen in ein Restaurant und danach ins Kino oder ins Theater. Tun Sie ein wenig geheimnisvoll, sagen Sie, Sie hätten einen Preis gewonnen oder von Ihrer alten Tante etwas Geld bekommen. Erzählen Sie erst zum Schluß, wie Sie zu dem Geld gekommen sind, ohne daß jemand etwas davon merkte. Die Chancen, daß Sie so Ihre Familie überzeugen, stehen gut.

Ab und zu dürfen Sie auch ein wenig hinterlistig sein: Wollen Ihre Kinder immer Markenkleidung tragen? Die können sie haben, aber nicht zu Lasten Ihres Geldbeutels. Vielleicht ist es möglich, das Markenzeichen einer teuren Marke auf ein „neues" Secondhandstück zu nähen oder eine alte, verschossene Markenhose zu färben. Führen Sie die Änderungen aber nicht zu schnell und drastisch durch, wählen Sie den Weg des langsamen Übergangs.

Sagen Sie auch nicht, daß Sie zum Abendessen Pfannenpizza machen, weil das alte Brot wegmuß, präsentieren Sie die Pfannenpizza als exklusive Spezialität, für die Sie sich angestrengt haben. Wenn Sie Suppe von Resten machen und dazu gebratene Brotstückchen essen, schmeckt diese unter dem Namen „Potage Rempli" mit französischen Croutons besonders gut. „Schmecken" Sie den Unterschied zwischen Restetag und bretonischem Auflauf, zwischen Butterbroten zum Tee und englischen Sandwiches, zwischen „Wir müssen laufen" und „Wir machen einen herrlichen Spaziergang"! Ein billiger Wein sieht in einer Karaffe auf dem Tisch chicer aus als in der Flasche mit dem Preisschild. Ein einfaches Geschenk, das hübsch eingepackt ist, wird von selbst mehr wert. Mit anderen Worten: Mit Speck fängt man Mäuse.

Maßzuhalten ist schon eine Kunst!

Vor kurzem saß ich in einer Eisdiele bei einem herrlichen Eis, als ein alter Bekannter dazukam. „Was machst du denn hier, du bist doch so geizig?" Obwohl ich mich in solchen Situationen unwohl fühle, fällt mir fast immer eine Antwort ein: „Wenn man so sparsam lebt wie ich, kann man sich leicht ein Eis leisten." Viele Menschen glauben seltsamerweise, daß Sparsamkeit etwas ist, das einen Tag und Nacht ge-

fangenhält und das ganz extrem ist. Die meisten Journalisten, die zu uns nach Hause kommen, sind enttäuscht, weil sie eigentlich ein ganz normales Haus vorfinden, ganz anders als erwartet. Inzwischen haben wir natürlich eine Reihe von Geizhälsen getroffen, die nicht maßhalten können. So bekamen wir, kurz nachdem eine neue Nummer der *Vrekkenkrant* erschienen war, einen dicken Brief von einer Frau, die sich selbst für einen echten Geizhals hält. Was wir tun, sind in ihren Augen nur Kleinigkeiten. Sie gibt kein Geld für Kleidung aus, denn Kleider sind überall zu finden und wenn man Blumen aus Aluminiumfolie darannäht, ist man sogar auf einer Cocktailparty der Star. Essen zu kochen ist Unsinn! Kalt aus der Dose geht es auch, und dazu bedarf es nicht einmal einer Küche, und das ist wenigstens eine echte Einsparung. Duschen, Baden oder Make-up? Wenn man einmal so alt ist wie sie, ist ein Schwall kalten Wassers jeden Morgen genug. Ihre große Villa, die Garage und der Garten mit Nebengebäuden stehen voll mit dem unglaublichsten Zeug. Es finden sich Betten, Uhren, Schränke mit Krimskrams und Spieldosen, Schaufensterpuppen, behangen mit allerlei auf der Straße gefundenem Kram, eine Badewanne voller Murmeln, ausgestopfte Tiere, phantastischer Schmuck, Gemälde usw. Vom Keller bis zum Dachfirst steht alles voll, bis hin zu den Decken, an denen alles mögliche festgenagelt oder aufgehängt ist. In Zimmern und Gängen ist gerade noch genug Platz zum Laufen.

Vor allem abends sieht es märchenhaft aus, weil überall zwischen diesen Dingen brennende Christbaumbeleuchtung aufgehängt ist. Gegenstände retten, so nennt sie das. Sie hat sogar Personal, das weitere Anbauten plant und ausführt und Instandsetzungsarbeiten ausführt.

Daß man sich so total verrennen kann, sieht man an den Leuten, die – oft wortwörtlich – auf ihren Reichtümern sterben, manchmal vor Hunger. Geschichten über Obdachlose oder Spinner, nach deren Tod sich herausstellte, daß sie Reichtümer besaßen, kann man regelmäßig in der Zeitung lesen. Aber es kann auch zur Besessenheit werden, wertloses Zeug, zum Beispiel alte Zeitungen, zu sammeln. So machten es zwei Brüder in Amerika, schließlich starb einer von ihnen, als ein Teil ihres Haues unter dem Gewicht all der Zeitungen einstürzte. Die Feuerwehr mußte einen Tunnel durch die Papiermassen graben, um zu ihm zu gelangen. Wenn Sammeln zur Besessenheit wird, kennt man keine Grenzen mehr. Da esse ich lieber ab und zu ein Eis, denn im Maßhalten erkennt man den wahren Meister.

Besessenheit und Übertreibung sind aber nicht die einzigen Stolpersteine für den Geizhals. „Penny wise, pound foolish", ist ein anderer, das heißt, den Pfennig zu ehren, aber nicht den Groschen. Im *Volkskrant* (das ist die zweitgrößte niederländische Tageszeitung) vom 24. April 1993 findet sich ein gutes Beispiel dafür: In einem Artikel heißt es, daß mehr als die Hälfte aller Hauskäufer vor dem Abschluß einer Hypothek die Preise und Konditionen der Banken nicht vergleicht. Und eine Hypothek ist doch in den meisten Fällen in etwa die wichtigste finanzielle Entscheidung, die überhaupt getroffen wird.

! *Nicht nur Fleisch ist ein Stück Lebenskraft!*

30 Jahre lang ist dies jeden Monat meist die größte Ausgabe. Für einen billigen Laib Brot läuft ein mancher zu einem weiter entfernten Geschäft, aber vor dem Abschluß einer Hypothek geschieht das offenbar nicht. Bei Bedingungen, Zinsen und Abschlußkosten gibt es große Unterschiede, aber darauf achtet man kaum. Man entscheidet sich für die „Bequemlichkeit" einer Hypothek, die bei Neubauten oft als Standard angeboten wird. Aber diese Bequemlichkeit kann teuer zu stehen kommen. Auch beim Kauf eines alten Hauses, wobei Menschen sich vor allem durch einen zufälligen ersten Kontakt leiten lassen, und nicht durch vergleichende Information. Den Banken ist das natürlich nur recht.

Aber es geht nicht nur um den Preis. Preiswert kann auch teuer sein. Oft ist es viel besser, etwas Gutes zu kaufen, das zunächst vielleicht eine teurere Anschaffung darstellt, aber letztendlich billiger wird, weil es länger hält und kaum oder weniger Reparaturen anfallen. Ein Kollege von mir sagte vor kurzem: „Sparsam zu sein macht Spaß, aber man muß es sich leisten können." Traurig, aber wahr. Wenn man keinen finanziellen Spielraum hat, muß man oft unverhältnismäßig viel bezahlen. So las ich eine Geschichte von einem Obdachlosen in New York, der für eine Übernachtung an einem sicheren Ort 7,50 Dollar bezahlen muß. Für diesen Betrag könnte er sich auch ein Zimmer mieten, aber dann müßte er einen Monat Kaution und die Miete für einen Monat im voraus bezahlen. Ein Paar Dollar kann er noch zusammenkratzen, aber eine solch große Summe nicht.

Aber auch, wenn es Ihnen nicht so schlecht geht, können Sie durch Sparsamkeit am falschen Platz eine Menge Geld verschwenden. Ich staune immer über die vielen Fahrräder, die in Delft vor dem Bahnhof stehen und wahrscheinlich zum größten Teil Studenten gehören, die anscheinend glauben, daß es zu teuer ist, ein Fahrrad bewacht unterzustellen. Ich habe da meine Zweifel, denn die Chance, daß ein Fahrrad, das im Freien steht, gestohlen oder beschädigt wird, ist sehr groß, das kann man täglich beobachten.

Eine gute Verpackung ist natürlich auch wichtig. Meine Frau kaufte einmal Erdbeeren auf dem Markt. Da sie spottbillig waren, kaufte sie ein paar Kilo mehr, um Marmelade zu machen. Dadurch, daß sie eine zu große Menge in zwei dünne Plastiktaschen packte, verlor sie einen Großteil ihres Kaufes in Form von Erdbeersaft, bevor sie zu Hause war.

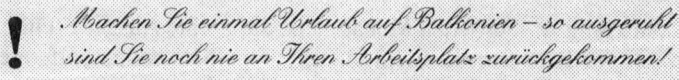

! *Machen Sie einmal Urlaub auf Balkonien – so ausgeruht sind Sie noch nie an Ihren Arbeitsplatz zurückgekommen!*

Schützen Sie unseren Planeten, sparen Sie Geld!

Es gibt Leute, die weniger kaufen, vorsichtig mit dem umgehen, was sie haben, kaputten Hausrat oder Kleidung reparieren und das nicht so sehr wegen des Geldes, sondern für die Umwelt tun. Lebensmittel werden – soweit möglich – im Bioladen gekauft. Sie haben Interesse an neuen, umweltfreundlichen Entwicklungen wie ökologischer Kleidung und sparen zu Hause konsequent Energie. Nicht, um Geld übrig zu haben, sondern vor allem wegen der Auswirkungen dieses Verhaltens auf unsere Umgebung. Vielleicht zählen auch gesundheitliche Überlegungen mit. Biologische Produkte werden ohne Kunstdünger und Schädlingsbekämpfungsmittel erzeugt. Treibhäuser, künstliche Beleuchtung, Wachstumsbeschleuniger und Hormone werden soweit möglich vermieden. Gesundheitliche und Umweltaspekte werden also in jeder Hinsicht in das Kauf- und Lebensverhalten mit einbezogen. Für viele jedoch ist der Preis umweltfreundlicher Produkte ein Problem. Wenn man auf mehreren Gebieten gleichzeitig weniger konsumiert, zeigt sich jedoch, daß die Extra-Ausgaben für Gemüse, Fleisch und Obst leicht mit dem bezahlt werden können, was man an anderer Stelle spart.

Außerdem kann man die Ausgaben für biologische Produkte an sich einschränken, indem man weniger wegwirft und anders kocht. Es braucht kein Gegensatz zu sein, ganz im Gegenteil: „Save the planet while saving money.“

Am Anfang gab es biologische Artikel nur in Reformhäusern und Naturkostläden, seit einigen Jahren werden sie auch in Supermärkten verkauft. Eine gute Entwicklung, denn „damit wird es normal“, solche Produkte zu kaufen, der exklusive Beigeschmack verschwindet. Aber noch immer gibt es Unterschiede. Produktvergleiche fallen fast immer zum Nachteil der gesunden Alternative aus. Ein Liter „normale" Milch kostet 0,99 Mark, ein Liter biologische Milch kostet im Naturkostgeschäft 2,30 Mark. Glücklicherweise gibt es solche Milch nun auch in manchen Supermärkten, wo sie nur 1,90 kostet. Ein ganzes Roggenbrot kostet im Supermarkt, wenn gerade wieder einmal eine Preisschlacht beim Brot wütet, manchmal nur wenig mehr als zwei Mark, beim Bäcker an der Ecke mehr als drei Mark, während ein Vollkornbrot im Bioladen bis zu fünf Mark kostet. Für große Familien oder Leute mit etwas knapper Kasse kann das zuviel sein. Aber dazu sind einige Bemerkungen angebracht. Dadurch, daß man auch hier schlau und sparsam vorgeht, ist mehr möglich, als man zunächst denkt. Ausgangspunkt ist, daß nicht nur wohlhabende Menschen ein Recht auf gesunde, ehrlich erzeugte Lebensmittel haben. Nehmen Sie zum Beispiel das Fleisch. Wenn Sie alles beim Biometzger kaufen wollen, müssen Sie tatsächlich viel mehr ausgeben. Aber Sie können auch weniger konsumieren. Verwenden Sie regelmäßig Fleischersatz, und kaufen Sie Fleisch nur, wenn Sie wirklich Appetit darauf haben – und dann beim Biometzger. Kochbücher mit schmackhaften Rezepten ohne Fleisch gibt es mehr als genug. Lernen Sie, mit Tofu, Körnern und Hülsenfrüchten zu kochen, und entdecken Sie, daß man zum Beispiel mit Eiern, etwas Käse und ein paar Pilzen sehr gute Resultate erzielen kann. Mit altem Brot, etwas Bouillon, Ei, Knoblauch und Kräutern machen Sie herrliche „alternative" Hamburger.

! *Nähen Sie an jedes Geschirr- und Handtuch vier Aufhänger, dann halten sie länger!*

Gebratene Selleriescheiben mit Zwiebeln, Tomaten und Käse schmecken mir besser als Bauchspeck oder Kalbsroulade. Vertiefen Sie sich in die Materie, und Sie werden feststellen, daß es für konventionelle Gerichte schmackhafte, preiswerte Alternativen gibt. Eine andere Möglichkeit ist, konsequent geringere Mengen Fleisch zu kaufen. Hackfleisch kann man mit trockenem Brot und Zwiebeln strecken, Aufläufe mit 400 Gramm statt mit 500 Gramm Fleisch zubereiten etc. Dann bezahlen Sie ungefähr das gleiche wie beim „normalen" Metzger.

Gemüse ißt man so oft wie möglich roh, dann benötigt man weniger davon. Machen Sie es sich zur Gewohnheit, zu jedem Essen etwas Rohkost zu sich zu nehmen, wie kleingeschnittenen Rotkohl mit Lauch und Apfel, Weißkrautsalat mit geriebenen Karotten, etwas Chicorée mit roten Beten und Apfel, kleingehackte rote Bete mit Zwiebeln usw. Von vielen Gemüsen werfen wir Teile weg, die eßbar sind. Ich entdeckte eine ganze Reihe neuer Rezepte: Die Blätter von roten Beten verschwanden früher im Komposteimer, jetzt wasche ich sie, schneide sie fein und brate sie in etwas Öl zu einem herrlich säuerlichen Gericht, eine echte Delikatesse! Junge, dicke Bohnen habe ich mit Schote und allem zu essen gelernt. Man schneidet sie wie Schnitt- oder Stangenbohnen in kleine Stücke und braucht dann nur ein Viertel der üblichen Menge. Der Gewinn gehört Ihnen. Vom Grünkohl schmeißen die meisten Leute den Strunk weg, und so habe ich es auch von meiner Mutter gelernt. Aber das ist auch nicht nötig. Schneiden Sie den Strunk und den Stiel in kleine Stücke, und kochen Sie sie zuunterst im Topf, das ist schmackhaft und gesund.

Dann kommen wir auch schon zum Thema „Schälen". Karotten, Sellerieknollen, Äpfel, Birnen und Kartoffeln muß man nicht schälen. Sie gut zu bürsten reicht aus. Man muß sich zwar daran gewöhnen, aber so hat man weniger Abfall und Arbeit. Bei manchen Gerichten schmeckt man den Unterschied überhaupt nicht. Kartoffelpfannkuchen von geriebenen Kartoffeln oder Pommes frites von ungeschälten Kartoffeln sind gute Beispiele dafür. Kräuter ziehen wir selbst, das ist viel billiger, als sie zu kaufen. Sorgen Sie dafür, daß Sie immer einige Töpfe Petersilie, Sellerie und Schnittlauch in der Küche oder auf dem Balkon stehen haben. Dafür brauchen Sie keinen richtigen Garten, und das ist mal etwas anderes als Geranien auf der Fensterbank. Noch lukrativer ist es, selbst Keime zu machen, denn Keime sind sehr gesund, aber nicht gerade billig. ich mache schon seit einiger Zeit Sojasprossen und Luzernesprossen in der eigenen Küche. Sie brauchen nur einige leere Gläser, einige Lappen oder Stücke von alten Nylonstrümpfen und einige Gummibänder als Produktionsmaterial. Kaufen Sie die Bohnen, bedecken Sie damit den Boden eines Glases, weichen Sie sie eine Nacht in Wasser ein, gießen Sie das Wasser ab, und spülen Sie den Inhalt des Glases zweimal täglich. Das Stückchen Stoff oder Nylon befestigen Sie als „Deckel" mit einem Gummiband um den Rand des Glases. So geht das Spülen mit Wasser schnell und Sie verlieren keine Bohnen und Sprossen. Nach einer Reihe von Tagen sind die Sprossen fertig. Sojasprossen können Sie roh in Salaten oder auf dem Butterbrot essen und auch braten. Schmeckt herrlich. Luzerne essen Sie auf Brot oder im Salat. Sie ist den Sojasprossen ähnlich, ist aber etwas feiner. In Bibliotheken gibt es genügend Bücher, denen Sie entnehmen können, was Sie wie keimen lassen können (mehr als Sie denken) und welche Gerichte Sie damit zubereiten können. Ich finde es immer wieder interessant, zu sehen, wie schnell etwas keimt und wie Sie Essen mit Geduld und etwas Wasser „erzeugen" können.

 Nehmen Sie auf Zugreisen Ihre Thermosflasche mit!

Auch Joghurt brauchen Sie nicht zu kaufen.

Mit Hilfe der Kochkiste oder der Thermosflasche gelingt es auch Ihnen, ihn selbst zu machen. Kaufen Sie im Naturkostgeschäft gute Milch und Joghurt mit rechtsdrehender Milchsäure. Heben Sie immer ein paar Eßlöffel vom Joghurt auf (drei je Liter Milch). Dann erhitzen Sie die Milch auf 45 Grad C, fügen pro Liter Milch drei Eßlöffel Joghurt hinzu, rühren gut um und bewahren das Ganze vier Stunden auf einem warmen Platz auf (zum Beispiel in der Kochkiste). Danach ist der Joghurt im Kühlschrank einige Zeit haltbar. Vor einem Jahr bekam ich von jemandem einen Kefirpilz. Ich war sehr neugierig auf diese „Pflanze", die übrigens eher wie ein knobbeliger Joghurt oder Hüttenkäse aussieht. Auch hierbei müssen Sie Milch zufügen, so daß nach einiger Zeit ein säuerliches Milchgetränk, ähnlich einem Trinkjoghurt, entsteht. Mir schmeckte das gut, aber meinem Partner nicht. Außerdem störte es uns, daß die „Pflanze" jeweils zu bestimmten Zeiten mit frischer Milch gefüttert werden mußte, das erinnerte mich an hungrige Babys und seltsamerweise auch an Vampire. Deshalb hörten wir nach einiger Zeit damit auf, aber ich kenne Leute, die bereits seit zehn Jahren einen solchen Pilz haben und immer wieder Stückchen davon verschenken (denn sie wächst auch) und so preiswert ein vollwertiges Milchprodukt erzeugen.

Selbst Brot backen sollten Sie lieber nicht. Es kostet verhältnismäßig viel Zeit und Energie. Kleine Bäckereien backen Brot in viel ökonomischerem Umfang. Sie können beim Brotkauf Geld sparen, wenn Sie ab und zu Brot vom Vortrag (mit Nachlaß) kaufen, es toasten, wenn es trocken wird und es bis zum letzten Krümel verarbeiten. Zum Schluß: Rechnen und vergleichen Sie ständig. Was ist Ihnen lieber? Zwei Dosen weiße Bohnen aus dem Supermarkt für drei Mark oder anderthalbmal soviel für den gleichen Betrag getrocknet im Bioladen? Die Bohnen müssen natürlich eine Nacht einweichen und dann gekocht werden. Entscheidend ist, was Sie wollen.

Für die Umwelt kann man natürlich mehr tun, als bewußt zu essen und zu trinken. In den Niederlanden gibt es De Kleine Aarde in Boxtel (einen Biobauernhof), wo Kurse veranstaltet werden und eine Zeitschrift und anderes Material publiziert werden. Es gibt Kurse über Gartenarbeit, Kochen, Käseerzeugung, Hühner- oder Ziegenhaltung usw. Den Begriff „konsuminderen" (Konsumverringerung) haben sich vor einiger Zeit Leute von De Kleine Aarde ausgedacht. Ehre, wem Ehre gebührt. Es gibt dort auch ein Wegwerfmuseum mit verschiedenen teilweise abstoßenden Beispielen für unsere Wegwerf-„Kultur" vom Feuerzeug bis zur Filmkamera. Eine andere Organisation, die Menschen hilft, im Teamverband der Umwelt zuliebe weniger zu konsumieren, ist GAP (Global Action Plan for the Earth). Die Öko-Teams setzen sich aus Nachbarn, Bekannten, Mitgliedern von Frauenorganisationen und anderen Interessenten zusammen. Man wählt jeweils ein bestimmtes Thema aus (zum Beispiel Energie, Wasser oder Verkehr), das ausführlich behandelt und besprochen wird. Die Resultate des geänderten Verhaltens werden festgestellt und der Gruppe gemeldet. Einsparungen von 1500 Gulden je Familie pro Jahr sind gut möglich. Es gibt also Hoffnung für diejenigen, die es alleine nicht schaffen und probieren, sich durchzuwursteln. Eine solche Gruppe stimuliert bestimmt. Ich habe das durch meine Teilnahme an der kleinstmöglichen Gruppe von zwei Personen, in meinem eigenen Haus erfahren.

> **!** *Manche Unternehmen zahlen als Pendant zum Kilometergeld beim Auto eine Fahrradvergütung, sogenanntes „Schlauchgeld" – fragen Sie in Ihrer Firma einmal danach!*

Reich werden, – wie macht man das?

In jedem niederländischen Postamt liegen gratis Broschüren aus mit der Anleitung: Reich werden, wie macht man das? Der Text beginnt wie folgt: „Jeder träumt schon mal davon: reich zu werden. Nie mehr zu arbeiten, jeden Tag auszuschlafen. Direktor eines Multikonzerns zu sein, vor dem jeder zittert. Ausschließlich von gutaussehenden Damen und Herren umgeben zu sein, nur noch Kaviar zu essen, ein funkelnagelneues Auto oder einen Oldtimer zu fahren. Doch gibt es noch Menschen, die nicht zu glauben wagen, daß auch ihnen das große Glück winkt. Und das ist merkwürdig, denn obwohl Sie sich natürlich etwas einfallen lassen müssen, um einen solchen Traum zu verwirklichen, ist die Praxis oft unglaublich einfach. Nehmen Sie Ihr Glück in Ihre eigenen Hände. Es hat Ihnen vielleicht diese Broschüre nicht umsonst in die Hände gespielt."

Die „Fata Morgana", die die staatliche Lotteriegesellschaft uns hier vorzaubert, entspricht etwa der Vorstellung, die die meisten sich von reichen Leuten machen. Aber stimmt die eigentlich? Braucht man (fast) nichts zu tun, um reich zu werden, und leben reiche Menschen so, wie es in dieser Broschüre zu sehen ist? Ist das alles – gemütlich im Lehnstuhl zu faulenzen und ab und zu im eigenen Geld zu baden? Verwechseln wir da nicht etwas? Und wäre es nicht sinnvoll, uns etwas mehr an der Wirklichkeit zu orientieren? Das wäre es sicher, denn unsere Vorstellungen von Reichtum und davon, wie man ihn erwirbt, stimmen absolut nicht. Sparsamkeit assoziiert man meist mit Armut. Reichtum und Sparsamkeit, so denkt man, haben nichts miteinander zu tun.

Wir müssen uns von dieser Auffassung trennen, um zu einem sparsamen und gleichzeitig erfolgreichen Lebensstil zu kommen. Sogar, wenn Sie zufällig im Lotto gewonnen haben. Meist ist es nämlich genau umgekehrt: Viele Leute mit relativ niedrigem Einkommen leben verschwenderisch und extravagant, und viele reiche Leute sind sparsam.

Einkommen und vor allem der Stand Ihres Bankkontos haben viel zu tun mit der Art und Weise, in der Sie sparsam leben. Diese möglicherweise überraschende These bestätigt Thomas J. Stanley vom Affluent Market Institute, einem Forschungsinstitut, das seit 20 Jahren den Lebensstil reicher Leute untersucht.[1] Bereits vor Jahren kam man dort zu der Schlußfolgerung: Leute mit extravagantem Lebensstil sind selten reich. Der größte Teil ihres Geldes geht für Luxus drauf, und dann bleibt wenig übrig. Im Gegensatz dazu hat Reichtum nichts damit zu tun, wieviel man ausgibt, sondern mit dem, was übrigbleibt, was man Stückchen für Stückchen ansammelt. Stanley stellte fest, daß der durchschnittliche Reiche in einem Mittelklassehaus wohnt, verheiratet ist (und bleibt), Inhaber eines Betriebes ist und seinen Reichtum nur selten geerbt hat. 80 Prozent der amerikanischen Millionäre haben es aus eigener Kraft geschafft, mit harter Arbeit und Selbstdisziplin. Es ist absolut nicht ihr Stil, Geld hinauszuwerfen, im Gegenteil: Der durchschnittliche Reiche ist ein disziplinierter Sparer und Investor. Woher kommt dann unser total anderes Bild von Reichen? Denn es gibt absolut keinen Grund, anzunehmen, daß Leute in den Niederlanden oder Deutschland auf andere Art und Weise reich werden.

Eigentlich ist das durchaus begreiflich.

Der durchschnittliche reiche Mann oder die reiche Frau, die Stanley beschreibt, fällt nicht auf, obwohl der „big spender" das wohl tut. Er steht in der Zeitung, tritt in Fernsehprogrammen auf und wird in den Klatschspalten der Illustrierten beschrieben. Daher kommen die Mißverständnisse, die „reich sein" und „reich leben" betreffen. Wir sehen lediglich Leute, die sich reich verhalten, während wir die echten Reichen mit der Lupe suchen müssen.

 Zur Abwechslung kaufen Sie heute einmal nichts!

---

[1] *The Tightwad Gazette 38,* Juli 1993, in der ein Artikel über dieses Institut zitiert wird. Die Adresse lautet: RR1, Box 3570, Leeds ME 04263–9710, USA

Die gleichen Mißverständnisse herrschen auch bei Sparsamkeit. Wir glauben, daß Sparsamkeit ein Zeichen von Armut ist, und geben daher mehr Geld aus, als wir eigentlich haben, um uns ein reiches Gefühl zu verschaffen. Wir glauben, daß nur arme Leute in Secondhandgeschäften kaufen, daß nur sie hübsche Sachen im Sperrmüll suchen, daß nur Arme selbst ihren Kindern die Haare schneiden. Dieser Glaube macht uns eher arm als reich. Weil wir nicht als wirtschaftliche Blindgänger dastehen wollen, geben wir unser Geld so aus, wie wir (fälschlicherweise) denken, daß reiche Leute es tun. Wir fühlen uns durch die großen Ausgaben momentan gut, vor allem wenn wir anderen damit imponieren konnten, aber dieser Effekt verfliegt schnell. Stanleys Untersuchungen zeigen, daß reiche Leute nur einen sehr kleinen Teil ihres Einkommens für Extravagantes ausgeben. Jemand, der wenig verdient, täte also gut daran, so wenig wie möglich auszugeben und so viel wie möglich zu sparen und zu investieren. Ausgaben für Dinge, die nur kurzfristigen Effekt haben, sind nun einmal nicht zu vergleichen mit langfristigen Investitionen.

Natürlich muß man diese Möglichkeit zunächst einmal haben, aber sie wird nur größer dadurch, daß man sich nicht reich „verhält", sondern so tut, als ob man bereits reich wäre, also sparsam ist und vorsichtig mit dem Geld umgeht.

 Gehen Sie nie mit einer leeren Einkaufstasche einkaufen!

Natürlich gibt es eine Reihe von Menschen, die arm und sparsam sind, und reiche Leute, die das Geld zum Fenster rausschmeißen und sich etwas darauf einbilden, aber das sind die Ausnahmen. Viele Leute schämen sich, sparsam zu sein, und wenn sie es schon sind, geben sie es wenigstens nicht zu. Es wird Zeit, dies zu ändern.

Wenn Ihre Kinder wieder einmal um teures Spielzeug betteln oder in einem Fast-food-Restaurant essen möchten, antworten Sie nicht verschämt, daß Sie sich das nicht leisten können, sondern sagen Sie, daß es Quatsch ist, Geld für einen solchen Unsinn auszugeben. Erklären Sie den Kindern, welchen Nährwert Fast-food hat und daß ein Buch aus der Bibliothek über die Prähistorie viel interessanter ist als ein Klumpen geronnenes PVC mit Farbstoffen und Weichmachern.

Es wird Zeit, daß wir Sparsamen in die Offensive gehen, statt uns in unserem Schneckenhaus zu verkriechen. Und wenn Ihre Kinder Ihre selbstgemachten Geschenke zum Geburtstag nicht gut genug finden, bekommen Sie nächstes Mal überhaupt nichts. Das sitzt. Erklären Sie anderen einfach, welche Entscheidungen Sie für Ihr Leben getroffen haben, statt am langen Samstag mit der Meute mitzulaufen. Erläutern Sie die Ziele, die Sie sich gesetzt haben, und daß Sie dafür sparsam leben. Scham überzeugt nicht, Überzeugung dagegen wohl. Um mit einem sparsamen Lebensstil erfolgreich und glücklich zu werden, sollten wir unsere Entscheidung dafür mit Stolz und Selbstvertrauen austragen.

Wenn jeder ein Geizhals wäre …!

Regelmäßig stellt man uns die Frage: „Was passiert mit der Wirtschaft, wenn jeder ein Geizhals wird?" Der Fragende hat meist selbst eine Antwort parat, nämlich in etwa: „Das ist nicht gut für die Wirtschaft" oder „Das führt nur zu noch mehr Arbeitslosigkeit". Obwohl eine „Massenbelehrung" zu freiwilliger Bescheidenheit kurzfristig recht unwahrscheinlich ist, ist die Frage relevant. Vor allem, weil schon kleinere Verhaltensänderungen der Verbraucher nachhaltige Effekte in der Wirtschaft zur Folge haben. Das war meine erste Entdeckung, als ich anfing, mich mit der Frage der Ökonomie zu beschäftigen.[1] Selbst wenn nur ein kleiner Teil der Bevölkerung weniger konsumiert, hat dies Auswirkungen auf die Wirtschaft. Man spricht bereits von Rezession, wenn die Wirtschaft ein Prozent weniger wächst als im Jahr zuvor. Eine Verringerung des Wachstums um ein Prozent ergibt sich bereits, wenn 5 Prozent der Bevölkerung in den Niederlanden ihren Verbrauch um 20 Prozent verringern (und das gesparte Geld nicht ausgegeben wird). Eine solche Konsumverringerung zeitigt nicht sofort Effekte, aber auf die Dauer wird sich dadurch die Produktion verringern. Wenn wir weniger kaufen, muß nun einmal weniger produziert werden. Die wirtschaftlichen Zusammenhänge sind natürlich komplizierter, weil viele Faktoren mitspielen, die die Effekte einer Konsumverringerung dämpfen oder verstärken, aber ein geringeres wirtschaftliches Wachstum ist eine Tatsache.

Sogar wenn 2,5 Prozent der Bevölkerung in den Niederlanden 10 Prozent weniger verbrauchen, verringert sich das wirtschaftliche Wachstum um ein viertel Prozent. Auch bei einem solchen Prozentsatz machen sich die Wirtschaftswissenschaftler bereits Sorgen. Wenn wir eine durchschnittliche Familie mit 2,8 Personen zugrunde legen, bedeutet dies, daß 125 000 Familien mit einer Konsumverringerung von 10 Prozent das Wirtschaftswachstum in unserem Land bereits merklich beeinflussen.

Die Frage nach den wirtschaftlichen Folgen ist also durchaus relevant. Eine befriedigende Antwort ist mir bisher noch nicht eingefallen. Ich habe jedoch normalerweise geantwortet, daß es vielleicht für unsere Wirtschaft nicht so gut wäre, wenn jeder zum Geizhals würde,

---

[1] Arie Bleijenberg vom Zentrum für Energieeinsparung und saubere Technologie in Delft (Niederlande) hat mir hierbei geholfen.

aber auf jeden Fall für unsere Umwelt. Weil weniger Verbrauch in den meisten Fällen auch weniger Umweltbelastung bedeutet. Und was gut für die Umwelt ist, ist gut für mich selbst und für diejenigen, die nach mir kommen. Was haben wir letzten Endes vom Wirtschaftswachstum, wenn man die Luft nicht mehr einatmen kann oder nicht mehr in der Sonne sitzen kann, so wie es in Neuseeland bereits der Fall ist? Trotzdem befriedigt diese Antwort nicht. Wenn es also Folgen gibt, welcher Art sind sie dann und wie können wir sie beeinflussen? Oder kommen wir zu der Schlußfolgerung, daß es besser wäre, die Bescheidenheit zu beenden? Auf diese Fragen möchte ich hier eingehen. Nicht vom Standpunkt des Wirtschaftswissenschaftlers aus, denn das bin ich nicht. Wohl vom Standpunkt des durchschnittlichen „Überverbrauchers" aus, der ich war und teilweise noch immer bin. Meine erste Reaktion auf die Frage nach dem Effekt für die Wirtschaft ist daher: Vielleicht ist es schlecht für die Wirtschaft, aber es ist gut für die Welt, in der wir leben.

! *Es lebe die Nouvelle cuisine!*

Auch nach langem Nachdenken komme ich immer wieder zu der Schlußfolgerung, daß ich auf dieser Erde zuviel Platz beanspruche – und nicht nur ich. Das durchschnittliche niederländische Haustier verfügt über mehr Kaufkraft als mancher Einwohner der sogenannten Dritten Welt. Ich beanspruche viel Platz, viele Rohstoffe und viel Energie. Und das ist noch nicht alles, denn ich produziere auch noch enorm viel Abfall, Emissionen und andere Schadstoffe, die die Natur und unsere natürlichen Ressourcen dauerhaft schädigen. Und wenn ich nicht aufpasse, wird das immer schlimmer, obwohl ich täglich sehe, daß es große Gruppen von Menschen gibt, die mehr Recht auf ein bißchen mehr haben.

Obwohl das Reaktionsvermögen von Mutter Erde manchmal unerwartet groß ist und wir mit Vernunft und Technik viel erreichen können, sagt mir mein gesunder Verstand immer wieder, daß es Grenzen gibt. Das bedeutet, daß andere etwas mehr Platz haben können, wenn ich etwas weniger beanspruche. Ab und zu beängstigt mich die Idee, daß ich mich mit weniger begnügen soll, aber ich sehe keine andere Lösung. Mehr noch: Es bedarf wenig Phantasie, sich vorzustellen, was passiert, wenn wir im reichen Westen und die Menschen in der Dritten Welt einfach so weiterwachsen.

Als wir einige Nummern der *Vrekkenkrant* herausgegeben hatten, regten uns die überwältigenden Reaktionen zum Denken an. Wir wußten eigentlich nicht recht, wie uns geschah. Ich wußte, daß wir „auf dem richtigen Weg" waren, aber wohin führte der eigentlich? Der Begriff „Platz" hat mir zu einem deutlicheren Bild verholfen.

! *Teigkratzer können Sie auch zum Aus- und Abkratzen von Marmeladengläsern, Erdnußbuttergläsern, Buttereinwickel- papier und Margarinebechern benutzen!*

Weil ich Fleisch esse, bin ich mitverantwortlich für den Platz, den die Niederlande in der Welt für sich beanspruchen: Um Futter für unsere Tierbioindustrie anbauen zu lassen, beanspruchen wir eine Fläche, die etwa sieben- bis achtmal größer ist als unser eigenes Land, zum größten Teil in der Dritten Welt. Sogar als in der Sahelzone Hungersnot herrschte, war die Menge der exportierten (Tier-)Nahrung größer als die der eingeführten Notrationen.

Eine solche Feststellung trifft für viel mehr Produkte zu, die ich kaufe und benutze. Wir überkonsumieren Öl, Kohle, Erdgas, Metall und andere Rohstoffe. Das kann ich täglich in meiner Umgebung sehen. Und das ist noch nicht alles. Durch den enormen Bedarf an Kleidung zum Beispiel muß überall in der Welt mit teilweise katastrophalen Folgen Baumwolle angebaut werden. Und wenn wir diese Dinge dann wenigstens wirklich aufbrauchen würden. Aber bevor unsere Kleidung verschlissen ist, wird sie bereits weggeworfen. Und wie wenig sorgfältig gehen wir mit Holz um? Oder mit Nahrungsmitteln? In den Vereinigten Staaten und Europa sind zwei Drittel der produzierten Nahrungsmittel für Tiere bestimmt, die enorm viel Mist produzieren, mit dem wir nichts anzufangen wissen. Von den Lebensmitteln, die für Menschen bestimmt sind, werden ungefähr 30 Prozent nicht verzehrt, sondern einfach weggeworfen.[2] Von welcher Seite man es auch betrachtet, die Erde ist und bleibt eine Kugel mit begrenztem Umfang, die umgeben ist von einem sehr dünnen verletzlichen Schutzhäutchen. Nach einem recht idyllischen Anfang des Lebens auf der Erde haben ihre menschlichen Bewohner sich in den letzten paar hundert Jahren zu einem sich rasend schnell vermehrenden Schwarm von Lemmingen entwickelt. Mit dem erstaunlichen Talent, nicht nur (wie bereits seit Tausenden von Jahren) sich selbst und anderen, sondern nun auch der Erde selbst und der Atmosphäre bleibenden Schaden zuzufügen. Wenn wir das nicht ändern, verhalten wir uns nicht nur wie Lemminge, sondern auch wie der Vogel Strauß. Menschen sind schon eine komische Tiersorte.

Auf der Basis von Berichten der Weltbank wurde in kürzlich erschienenen Publikationen[3] errechnet, was die globale Umweltzielsetzung für die reichen Länder ist, wenn wir der Dritten Welt in den kommenden 50 Jahren ein gewisses Wirtschaftswachstum „zugestehen" und die gegenwärtige weltweite Umweltbelastung halbieren möchten. Dies ist absolut erforderlich, wenn die Erde bewohnbar bleiben soll. Bei „uns" muß dann eine Verringerung der Umweltbelastung um 90 Prozent im Vergleich zum heutigen Niveau erreicht werden. 90 Prozent sind ganz schön viel! Sogar bei der Weltbank ist man davon überzeugt, daß sich dies nicht nur mit technologischem Knowhow erreichen läßt. Auch durch solche Forschungsergebnisse ist die Endlichkeit der Flächen und Mittel, die uns und kommenden Generationen zur Verfügung stehen, sehr deutlich geworden. Meine Schlußfolgerung lautet: Ich will anderen mehr Platz lassen. Das erfordert eine Gebärde, die man manchmal noch im Straßenverkehr bei einer Dame oder einem Herrn sieht: „Nach Ihnen bitte, ich habe Zeit." Wie es auch immer mit der Wirtschaft weitergehen wird, ich bin davon überzeugt, daß es gut ist, weniger Platz zu beanspruchen. Man fühlt sich gut dabei; das mit der Wirtschaft allerdings …, da bleibt ein ungutes Gefühl. Es gibt nicht mehr viele Leute – auch in der Wirtschaft –, die nicht auf die eine oder andere Art und Weise sagen, daß die Weichen anders gestellt werden müssen. So sagt der Mann, der sich für den

---

[2] M. Buitenkamp e.a., *Actieplan Nederland Duurzaam*. Milieudefensie Amsterdam 1992, Seiten 64 und 69.

[3] Paul Ekins in *Greep op groei: het thema van de jaren negentig*, Frank Biesboer (Red.) Verlag Jan van Arkel, Utrecht 1993. Auch das RIVM (niederländ. Reichsinstitut für Umweltforschung) kommt zu diesem Ergebnis.

Erdnußbutterproduzenten Calvé den Slogan „Geschmeidig bis zum Schluß" ausdachte: „Bis vor kurzem wurde großer Wohlstand durch erhöhte Produktivität im Erzeugen und Transportieren von Gütern geschaffen. Die Zukunft wird von uns die Fähigkeit verlangen, nicht so sehr die physische Welt immer effizienter zu verwalten – denn auf diesem Gebiet ist das Maximum erreicht –, sondern die mentalen und geistigen Kräfte der Menschen zu verschärfen und sie besser zu nutzen."

Dazu sind „radikale Änderungen in der Nutzung der verfügbaren materiellen und menschlichen Hilfsquellen" unabdingbar. Es zeigt sich, daß Industrialisierung, extremes Produktivitätsstreben und der Druck eines überhitzten Konsumverlangens das menschliche und natürliche Maß in vieler Hinsicht überschritten haben."[4]

Deutliche Worte. Wenn menschliches Leben auf der Erde „geschmeidig bis zum Schluß" bleiben soll, dann wird sich etwas ändern müssen.

> **!** *Mit einem Tee-Ei statt Teebeuteln spart man im Laufe seines Lebens beinahe D.M 1000.–!*

Auch ohne die Frage nach der Ökonomie zu beantworten, bleibt das Suchen nach dem rechten Maß meines eigenen Verbrauchs also sehr relevant. Und dieses Maß hatte ich jahrelang verloren. Das merke ich täglich. Als Nachkriegskind wurde ich mit selbstverständlichen Konsumansprüchen groß. Alles sehr verständlich, aber Genießen und Konsumieren sind keine Synonyme, und es ist die Frage, ob Konsum, abgesehen von unseren Basisbedürfnissen, überhaupt notwendig ist. Jetzt, wo ich mich bewußt einschränke, merke ich, daß ich mehr tue, was mir Spaß macht, weniger unter Streß leide und auch noch mehr Geld übrighabe. Und wenn das auch noch gut für die Umwelt ist, verstehe ich eigentlich nicht, wieso es schlecht für die Wirtschaft sein soll. Die Wirtschaft ist doch für die Menschen da, und nicht umgekehrt?

---

[4] Alle Zitate in diesem Absatz sind H.A.J. Leewens, *De lerende Organisatie,* entnommen. Van Ede & Partners (interne Aufzeichnung), Amsterdam 1993.

Ein großer Teil der Bevölkerung im Westen kann, was den gegenwärtigen privaten Konsum betrifft, einen großen Schritt zurück machen, ohne daß dies die Lebensqualität wesentlich beeinträchtigen würde. Jeder normale Mensch, der mindestens durchschnittlich verdient – also gut 60 Prozent der Bevölkerung – kann sich selbst dafür entscheiden.[5] Fünf oder zehn Prozent Einsparung sind bei diesem Personenkreis durchaus denkbar. Auch mehr ist möglich. Das Interessante dabei ist, daß diese Einsparungen am einfachsten auf den Gebieten zu erreichen sind, auf denen wir uns so breitgemacht haben: beim Fleischverbrauch, Autofahren, Fertiggerichten, Alkohol, Tabak, Luxusartikeln und Hobbys. Mit einer persönlichen Mischung aus diesen und anderen verschwenderischen Gewohnheiten kommt man zu der Erkenntnis, daß Konsumverringerung einfacher ist, als es scheint.

Es gibt bereits genügend Hinweise darauf, daß es möglich und sogar lohnend ist. Die *Vrekkenkrant* ist lediglich eine der vielen Symptome für eine sich ändernde Auffassung über das, was im Leben als relevant und sinnvoll anzusehen ist.

„Trendwatcher signalisieren ein wachsendes Bedürfnis, sich auf die eigentlichen Werte des Lebens zu besinnen. Es muß alles nicht

---

5 CBS-Zahlen (CBS + Zentrales Statistisches Büro der Niederlande) von 1990, für alle Einkommen ab 32 000 Gulden netto jährlich.

mehr so extravagant und verschwenderisch sein."[6] Auch Hans Ferrée sagt: „Kreativ sparsam zu sein erhält den Status."[7] Trotz der hohen Widerstände, die die meisten von uns noch fühlen, bevor sie zu mehr Bescheidenheit übergehen, sieht er für immer mehr Menschen eine Menge Möglichkeiten, „mit weniger Geld angenehmer zu leben, vor allem aber, um kreativ mit den Möglichkeiten umzugehen, die man hat. Und dann zeigt sich, daß man mit preiswertem Hackfleisch tatsächlich mehr Möglichkeiten hat als mit teurem Steak."

Es sieht also so aus, als ob auf die Dauer deutlich mehr Menschen, vielleicht sogar große Gruppen weniger konsumieren werden. Aber was machen all diese Konsumverringerer mit dem übrigbleibenden Geld? Diese Frage hat sich auch bereits der Wirtschaftswissenschaftler Pen gestellt. „... Wenn wir weniger verbrauchen, aber weiter voll arbeiten, wird der Unterschied zwischen Einkommen und Ausgaben anwachsen. Was fangen wir mit dem Ersparten an? Wird das wohl gutgehen?"[8] Denn das ist das, was sogar Ökonomen vom Schlage Pens wollen. Das Geld muß weiterrollen, der Kreislauf darf nicht unterbrochen werden. Und er hat nicht ganz unrecht. Was für einen Sinn hat es, auf dem eingesparten Geld sitzenzubleiben? Man kann natürlich für eine Rente und für die Kinder sparen, aber auch das hat einmal ein Ende. Und dann?

Erstens kann man weniger arbeiten. Wenn Sie feststellen, daß Ihnen nach persönlichen Ausgaben, nachdem Sie etwas auf die hohe Kante gelegt und Geschenke gemacht haben, noch immer Geld bleibt, liegt es auf der Hand, in Teilzeit zu arbeiten. Ich persönlich sehe dies als einen der größten Vorteile der Konsumverringerung, weil es mir mehr Zeit verschafft, „angenehme Dinge" zu tun, mich gesellschaftlich (jedoch unbezahlt) nützlich zu machen und, vor allem, weil es mir mehr Zeit läßt, mir schlaue Tricks auszudenken, um mit noch weniger auszukommen. Aber das ist „schlecht für die Wirtschaft". Zwar lasse ich ein Stückchen Arbeitsplatz übrig, von dem ein anderer profitieren kann, der dann vielleicht kein Arbeitslosengeld mehr zu beziehen braucht, aber der gesamte Verbrauch in den Niederlanden, und damit auch die Produktion, wird etwas geringer. Die Wirtschaft wächst weniger stark, weil ich weniger konsumiere. Aber das ist natürlich nur eine Seite der Medaille. Dadurch, daß weniger bezahlte

6 Willem Pijffers, „Consumeren of Consuminderen", in: *Intermagazine,* Feb. 1993.
7 *NRC Handelsblad,* 27. Oktober 1993.8 *HP/De Tijd,* 14. Mai 1993
8 *HP/De Tijd,* 14. Mai 1993

und mehr freiwillige Arbeit geleistet wird, können bestimmte Kosten vermieden werden. Auf diesem Gebiet kann viel mehr „Gewinn" gemacht werden, als man denkt. Wenn mehr Menschen sich etwas mehr darum kümmern könnten (und wollten), was in ihrer Umgebung und in ihrer Stadt passiert, wenn sie freiwillige Arbeit leisten würden, dann gäbe es weniger Menschen, die teure Einrichtungen in Anspruch nehmen müßten, für deren Kosten wir letztendlich doch alle zusammen aufkommen müssen.

Es könnte sogar zu gerechterer Verteilung von Arbeit kommen und zu mehr gegenseitiger Dienstleistung, so daß viele Kosten, die die Gesellschaft nun aufbringen muß (aufgrund von Krankheit, Analphabetismus, Einsamkeit, Kriminalität usw.) vermieden würden. Und dabei sind die positiven Folgen für die Menschen selbst, die weniger bezahlte Arbeit leisten, noch nicht berücksichtigt. Aber auch das ist für die Wirtschaft nicht günstig. Die Arbeit ist vielleicht besser verteilt, wir verdienen weniger und sind damit eventuell sogar zufrieden, aber die Wirtschaft wächst nicht mehr so wie vorher.

Interessanter ist es deshalb, festzustellen, was man mit dem neuerworbenen Überschuß anfangen kann, wenn man nicht kürzer arbeitet. Pen beschreibt in seinem obengenannten Artikel zwei Alternativen. Erstens: Investitionen in umweltfreundliche Produktionsformen in Kombination mit der Verringerung umweltschädlicher Produktion zu tätigen. Eine andere Möglichkeit ist, unser Geld in die wachsenden Volkswirtschaften in Asien zu investieren. „Eine internationale Arbeitsverteilung, wobei man dort für uns arbeitet und wir nichts tun." Letzteres gefällt mir nicht, ersteres wohl. Aber es gibt noch mehr Möglichkeiten. Es gilt, das Phänomen Konsumverringerung selbst etwas näher unter die Lupe zu nehmen, denn nicht nur mit dem übrigbleibenden Geld kann man etwas Sinnvolles tun, auch der geringere Konsum an sich beeinflußt die Ökonomie.

! *Potage Chou-Fleur (Blumenkohlsuppe) kostet nur etwa D.M 1.– pro Liter!*

Als Verbraucher können wir mit unserem Kaufverhalten mehr Einfluß ausüben, als wir glauben. Nicht umsonst gibt es in der Wirtschaftswissenschaft den Begriff „Verbrauchersouveränität": Der Verbraucher, als Nachfrager von Produkten und Dienstleistungen, bestimmt letzten Endes, was gekauft wird. Wenn ich weniger konsumiere, lande ich fast automatisch bei Produkten, die weniger Energie und Rohstoffe gekostet haben. Auch mit dem Geld, das wir unmittelbar für Konsum ausgeben, können wir also Einfluß ausüben. Mit dem Geld, das wir als Konsumverringerer ausgeben, läuft die Wirtschaft zwar weiter, aber auf andere Art und Weise. Ein Großteil des Verhaltens notorischer Konsumverweigerer ist zweifellos als umweltfreundlich anzusehen. Wenn große Gruppen sich genauso verhalten, wenn auch in abgeschwächter Form, kann bei Rohstoffen und Energie immens viel eingespart werden, und auch Abfallberge und alle anderen Belastungen der Umwelt würden (in etwa) entsprechend abnehmen.

Mit dem Geld, das wir für unseren Eigenbedarf ausgeben, können wir die Wirtschaft also auch beeinflussen. Nicht ihren Umfang, aber sehr wohl die Art der Produkte, die erzeugt und verkauft werden. Wenn viele Menschen weniger verbrauchen, werden bestimmte Sektoren, wie die intensive Landwirtschaft, die Autoindustrie, Produzenten von Luxusartikeln oder die Chemie, Probleme bekommen. Andere Sektoren würden dagegen aufblühen: Biolandwirtschaft, öffentliche Verkehrsbetriebe, Fahrradhersteller, der Bau energiesparender Häuser, Theater, Dienstleistungsangebote etc.

! *Drehen Sie den Thermostat zwei Grad niedriger. Wenn es jemandem kalt wird, bieten Sie einen Pullover und Lammfellpantoffeln an!*

Ich glaube, daß wir gar nicht schnell genug an einer solchen Umstrukturierung durch eine Änderung unseres Konsumverhaltens mitwirken können.

Auch bei weniger Konsum bleibt Geld übrig. Und was machen wir nun damit? Horten ist offensichtlich sinnlos, denn das letzte Hemd hat keine Taschen. Wahllos in alle möglichen nach Gewinn strebenden Unternehmen zu investieren, erscheint mir auch nicht richtig. Auch hier gibt mir der Begriff „Platz" genügend Anhaltspunkte, mit meinem Geld sinnvoll umzugehen. Wenn ich durch meinen Verbrauch (durch Konsumverweigerung) Einfluß auf den Platz nehmen kann, den ich einnehme, kann ich vielleicht mit meinem ersparten Geld in Dinge investieren, dank derer die Menschen in der Dritten Welt ein gewisses Wirtschaftswachstum erzielen können und die gleichzeitig die Umwelt so wenig wie möglich belasten.

Der indische Wirtschaftswissenschaftler Percy Mistry, der jahrelang für die Weltbank arbeitete, sagt dazu folgendes. „Es ist sehr wichtig, daß der Westen das technologische Wissen liefert, um den Umweltschaden zu begrenzen. Wenn man für die am dichtesten bevölkerten Länder – China, Brasilien, Nigeria, Indien – umweltfreundliche Entwicklungsmöglichkeiten findet, wird der Rest der Dritten Welt von selbst folgen. Ein Kühlschrank in Indien verbraucht sechsmal soviel Strom wie einer im Westen. Warum sorgt man nicht dafür, den Menschen dort das nötige Wissen angedeihen zu lassen, um den Energieverbrauch zu verringern? Oder für Wiederaufforstung? Wenn Länder wie China bei ihrer wirtschaftlichen Entwicklung genauso ineffizient mit Energie umgehen wie einst die westlichen Länder, gehen wir einer Katastrophe entgegen."[9]

Dieses Beispiel– und auch das nächste – macht deutlich, was ich mit meinem Geld anfangen kann. Auf einer kleinen Insel in der Themse, mitten in London, wohnt ein Erfinder. Nicht irgendein beliebiger. Er hat das „Aufziehradio" erfunden. Als er einmal eine Fernsehsendung über Aids-Aufklärung in Afrika sah, wurde ihm klar, daß viele Menschen in Afrika für solche und andere Informationen auf Transistorradios angewiesen sind. Ein Satz Batterien kostet in Afrika oft mehr als einen Wochenlohn, weshalb Radios sehr sporadisch benutzt werden. Später sah unser Erfinder[10] einen alten Film über eine Entdeckungsreise im afrikanischen Urwald. Nach getaner Arbeit ruhte der Mann auf der Veranda seines Urwaldhauses aus, während ein Diener den Koffer-Plattenspieler aufzog. Dabei ging unserem Erfinder ein Licht auf, und die Idee für einen Aufzug-Generator war geboren. Nach Jahren des Experimentierens ist dieser Generator nun ein

9 Economen over de nieuwe revolutie. *NRC Handelsblad* 1993.
10 P. Bayllis im Radioprogramm *Wave guide*, BBC World Service im Januar 1994.

brauchbares Gerät geworden. Einfach zu bedienen, aus einfachen Teilen zusammengesetzt und – falls erforderlich – mit einfachen Geräten zu reparieren. Wie eine Kuckucksuhr kann man ihn aufziehen und hat dann ein Radio, das einige Stunden lang funktioniert. Trotz der phantastischen Möglichkeiten, die diese Idee eröffnet, gibt es kaum Interesse für ein solches Gerät, und es ist klar, warum das so ist. Es ist billig und könnte Millionen von Wegwerfbatterien ersetzen, und was gäbe es dann noch zu verdienen?

Auch in den Niederlanden gibt es Betriebe, die Produkte und vor allem Wissen in die Dritte Welt exportieren. Nach amerikanischem Vorbild hat ein niederländisches Unternehmen eine sogenannte „Sonnenkochkiste" entwickelt, die in Ländern der Dritten Welt einfach und preiswert produziert werden kann. Es geht um eine Art Koffer mit einem Deckel aus Glas oder Plastik. Wenn man ihn mit dem Reflektor in die Richtung der Sonne dreht, hat man – in warmen Ländern – innerhalb weniger Stunden eine Mahlzeit für die gesamte Familie gekocht oder gebraten. Mit einer solchen Kiste können enorme Einsparungen bei Brennholz erzielt werden, außerdem muß das Holz auch nicht mehr mühselig gesammelt werden. Aber es gehört eine Menge dazu, eine solche Idee der Situation vor Ort anzupassen, sie zu verbreiten und darüber zu informieren. Gerade auf diesem Gebiet und was die Weiterentwicklung eines solchen Produkts betrifft, können westliche Betriebe viel leisten.

Alles schön und gut, aber ein Teil des Eingesparten oder sogar alles würde dann in die Dritte Welt wandern, und das bedeutet, daß zu Hause weniger verbraucht und damit weniger produziert wird, geringeres Wirtschaftswachstum also. Es sieht so aus, als ob das in der Tat zwangsläufig der Fall ist. Obwohl … vielleicht werden die Menschen aus der Dritten Welt dann ihre High-Tech-Geräte bei Philips kaufen, so daß doch noch alles gut abläuft. Aber auch wir können etwas tun: Soviel wie möglich in heimische Betriebe investieren, die ihr Wissen an Länder in der Dritten Welt verkaufen. Das hat für beide Seiten Vorteile. Das investierte Geld kommt der eigenen Wirtschaft zugute, sowohl bei uns als auch in der Dritten Welt werden weniger Rohstoffe verbraucht und wird die Umwelt weniger belastet. Nicht nur ein Windenergiefonds für uns, sondern auch ein Aufziehbatterienfonds für die Dritte Welt sollte eingerichtet werden.

Trotzdem wird die Wirtschaft weniger schnell wachsen, wenn in größerem Maße weniger konsumiert wird. Ich zweifle jedoch immer mehr daran, daß das so schlimm wäre, wie die meisten Politiker, Unternehmer und Wirtschaftswissenschaftler uns glauben machen wollen.

Das zunehmende Wirtschaftswachstum hat mir in den vergangenen 20 Jahren (denn in all diesen Jahren wuchs unsere Wirtschaft durchschnittlich um einige Prozentpunkte) nicht viel gebracht. Im Gegenteil, während die Wirtschaft stetig wuchs, entstand die Arbeitslosigkeit, die nun herrscht, die Umweltverschmutzung, die Unsicherheit. Da ist mir weniger Wachstum lieber. Vor allem, wenn dadurch die Chance, all die Dinge zu verbessern, auf die die Wirtschaft offensichtlich keine Rücksicht nimmt, größer wird.

Notizen

Notizen

Notizen

Notizen

Notizen